Dieses Buch ist ein Geschenk
der Regierung der Bundesrepublik Deutschland
überreicht durch
das Generalkonsulat in Chicago

This book is a gift
of the Government of the
Federal Republic of Germany
presented by the Consulate General in Chicago

Eine Bildreise

Die Elbe
Von der Quelle bis zur Mündung
Wolfgang Tschechne
Ellert & Richter Verlag

Autor / Impressum / Bildnachweis

Wolfgang Tschechne, geb. 1924 in Schweidnitz/Schlesien, war viele Jahre Leiter der Feuilletonredaktion der „Lübecker Nachrichten". Bewußte und unbewußte Verbindungen zwischen schöpferisch tätigen Menschen und ihren Orten und Landschaften interessieren ihn. In vielen Veröffentlichungen und Rundfunksendungen widmet er sich diesem Thema. Im Ellert & Richter Verlag sind seine Bücher „Thomas Manns Lübeck", „Der Rhein/The Rhine/Le Rhin" und „Schleswig-Holstein – Ein Reiseführer" erschienen.

Die Deutsche Bibliothek – CIP-Einheitsaufnahme

Die **Elbe**: von der Quelle bis zur Mündung / Wolfgang Tschechne. –
5. verbesserte Aufl. – Hamburg: Ellert und Richter, 1997
(Eine Bildreise)
ISBN 3-89234-278-4
NE: Tschechne, Wolfgang

© Ellert & Richter Verlag, Hamburg 1991
5. Auflage 1997
Dieses Werk einschließlich aller seiner Teile ist urheberrechtlich geschützt. Jede Verwertung außerhalb der engen Grenzen des Urheberrechtsgesetzes ist ohne Zustimmung des Verlages unzulässig und strafbar. Dies gilt insbesondere für Vervielfältigungen, Übersetzungen, Mikroverfilmungen und die Einspeicherung und Verarbeitung in elektronischen Systemen.

Text und Bildlegenden: Wolfgang Tschechne, Lübeck
Gestaltung: Hartmut Brückner, Bremen
Lektorat: Brigitte Beier, Hamburg
Karte: Kartographie Huber, München
Lithographie: Rüdiger & Doepner, Bremen
Satz: O & S Satzteam, Hildesheim
Druck: C. H. Wäser KG, Bad Segeberg
Bindung: S. R. Büge, Celle

Farbfotos:
Harry Burdich/Transglobe Agency, Hamburg, S.: 62/63
Edel/Bildagentur Schuster, Oberursel, S.: 90/91
Thomas Ernsting/Bilderberg, Hamburg, S.: 58/59
Greiner & Meyer, Braunschweig, S.: 60/61
Heitmann/Bildagentur Schuster, Oberursel, S.: 74/75
Jogschies/Bildagentur Schuster, Oberursel, S.: 30/31, 46/47, 48/49, 50/51
Jürgens Ost + Europa Photo, Köln, S.: 12/13, 16/17, 18/19, 52/53
Christian Kaiser/Transglobe Agency, Hamburg, S.: 64/65
Urs Kluyver, Hamburg, S.: 78/79, 84/85
Wolfgang Krammisch, Dresden, S.: 34/35
Wolfgang Kunz/Bilderberg, Hamburg, S.: 22/23, 24/25, 76/77, 86/87, 88/89
Hans Madej/Bilderberg, Hamburg, S.: 44/45
Axel Mosler, Dortmund, Titel, S.: 32/33, 38/39, 42/43, 56/57
Michael Pasdzior, Hamburg, S.: 82/83
Wolfgang Steche/Visum, Hamburg, S.: 28/29, 40/41, 68/69, 94/95
Trölenberg/Schapowalow, Hamburg, S.: 10/11
Ullal/Schapowalow, Hamburg, S.: 8/9
Waldkirch/Bildagentur Schuster, Oberursel, S.: 92/93
Michael Wolf/Visum, Hamburg, S.: 72/73

S/W-Fotos
Bildarchiv Preußischer Kulturbesitz, Berlin, S.: 7, 14/15, 21, 27, 36, 37, 55, 66, 67, 81
Wilhelm Ficke, Hitzacker, S.: 71

Inhalt

Die Kinderstube der Elbe: *Vom Riesengebirge bis Hermanitz* — 6

Die Elbe mausert sich: *Von Königgrätz bis Kolin* — 14

Die Elbe sonnt sich im Böhmischen Paradies: *Von Melnik bis zum Schreckenstein* — 20

Die Elbe in der Sächsischen Schweiz: *Von Schmilka bis Pirna* — 26

Die Elbe schmückt sich: *Von Pillnitz über Dresden bis zum Bischofsberg* — 36

Die Elbe läßt sich Zeit: *Von Meißen bis zum Wörlitzer Park* — 54

Die Elbe und ihre großen Freunde: *Von Dessau bis Tangermünde* — 66

Die Elbe kriegt die Kurve: *Von Havelberg bis Hamburg* — 70

Die Elbe hat es gut getroffen: *Von St. Pauli bis Scharhörn* — 80

Die Elbe von der Quelle bis zur Mündung: *Eine Karte* — 96

Die Kinderstube der Elbe: *Vom Riesengebirge bis Hermanitz*

Und in dem Schneegebirge, da fließt ein Brünnlein kalt – so erzählt singend das Volkslied mit fröhlich aufwärts wandernder Melodie. Ein Gesundbrünnlein, und mehr: ein Jungbrünnlein muß das sein. Denn wer es trinket, wird jung und nimmer alt.

Unser Schneegebirge liegt bei Spindelmühle, auch Spindlermühle geschrieben, einem vor breit hingewölbte Hänge in den Windschatten gebetteten Bergdorf, einer Idylle für Wanderer in den kurzen Sommern und für Skifahrer in den langen Wintern – ein Hotelort, der sich heute Spindlerov Mlyn nennt. Und dort, zwischen der 1602 Meter hohen Schneekoppe und einem rundrückigen, etwas niedrigeren Berg mit dem passenden Namen Hohes Rad (1506 Meter), hat die Elbe ihren Ursprung.

Unser Schneegebirge ist das Riesengebirge, ein Stück des Sudetenmassivs, nach Alpen und Karpaten das dritthöchste Gebirge Mitteleuropas. Die Grenze zwischen dem Schlesischen und dem Böhmischen verläuft unsichtbar und überflüssig darüber. Steil fällt es gegen Schlesien ab; nach Böhmen hin schwingt es in sanfteren Wogen aus.

Sie entspringt nicht, diese Elbe, wie es bei Flüssen in ältlichen Geographiebüchern heißt. Sie kommt recht langsam, recht labrig aus den Hochmooren hier oben heraus; labrig – so hieß es früher im Schlesischen, wenn etwas ermüdend langweilig war. Ihre Hauptquelle ist mit Steinen eingefaßt, und die Wappen der großen Städte, durch die sie einmal fließen wird, sind zu erkennen. Mit ihr aber plätschern zehn weitere Quellchen aus dem Dickicht der Moose und Krüppelkiefern. Die Hochflächen haben Namen – Weiße Wiese, Mädelwiese, Teufelswiese.

„Eilf" kleine Wässerchen: Daß sich der Name Elbe davon ableitet, bleibt ebenso Vermutung wie die eher poetische Annahme, die in den weißen Nebeln abends um die zerzausten Kiefern huschenden, wehenden Elfen könnten dem Fluß zu seinem Namen verholfend haben. Glaubwürdig aber ist jedem, der heute hier wandert, daß das Quellgebiet in Vorzeiten eine heidnische Kultstätte war. Erst gegen Ende des 17. Jahrhunderts hatte der Bischof von Königgrätz, ein Johann von Talemberg, hier oben ein Kapellchen errichten lassen, um die Dämonen zu vertreiben. Der Teufel aber hat seine Wiese behalten dürfen.

Im Tschechischen heißt die Elbe Labe, und wenigstens für ihren gemächlichen Anfang ist dieser Name angemessen. Was Friedrich Smetana zur jungen Moldau musikalisch zu melden wußte, hätte übrigens auch der jungen Elbe gut ins Flußbett gepaßt. Aber auch das heimatverliebte Lied der Gebirgler trifft gerade hier recht glücklich ihren Charakter: „Du mein liebes Riesengebirge, wo die Elbe so heimlich rinnt . . ."

Sie rinnt nicht lange heimlich. Es geht kräftig weiter. Zwar wird auch heute so mancher gute Trunk aus dem Quellgebiet genommen, um allzeit jung zu bleiben und um klares Wasser in die Häuser von Harrachsdorf unten im Tal zu bekommen. Die Elbe hat sich zu ihren „eilf" Brünnlein noch Brüderchen und Schwesterchen aus dem Schneegebirge geholt, eiskalt und glitzernd, und es dauert keine halbe Stunde bergab übers Gestein, bis der Wanderer in den Elbgrund schauen und den fast fünfzig Meter hohen Elbfall bestaunen darf.

Da ist schon viel Wasser zusammengekommen. Wenn es über die Kaskaden der rundgewaschenen Felsen wogt und die Gischt weiß im Sommerlicht sprüht, ist das schon ein herzbewegender Anblick. Die liebe alte Elbfallbaude – Bauden nennt man hier die großen, eigenwilligen Berggasthöfe, die in den Alpen als Hütten bekannt sind – mit ihrer Fachwerkwand und den gemütlichen holzgetäfelten Gastzimmern besteht nur noch in der Erinnerung älterer Wanderer. Sie ist abgebrannt. Seit 1975 gibt es hier ein architektonisch etwas kühn gestaltetes Hotel, komfortabel und modern. Aber die wohlige Atmosphäre, die einst die Bauden des Riesengebirges auszeichnete, ist mit verbrannt.

Eine Landschaft für Wanderer, mehr denn je sogar, seit es so leicht ist, auch hier wieder zu urlauben. Ein Gebirge aber auch für Maler und Dichter.

Caspar David Friedrich hat 1807 in der Bergeinsamkeit seine Bilder gefunden und hier das „Kreuz im Gebirge" aufgerichtet – auf grün bemoostem Felsen steht, von Tannen umgeben, ein schlankes, hohes Kruzifix, und der Abendhimmel dahinter zeigt im letzten Sonnenlicht Wolken in der eigentümlichen Farbmischung Orange und Violett. Es ist eines der Hauptwerke Friedrichs, gemalt im Auftrage der Gräfin Thun für deren Hausaltar in Schloß Tetschen an der Elbe. Und an der Elbe ist das Werk geblieben. Es ist heute in der Dresdner Gemäldegalerie zu bewundern.

Auch der aus Dresden stammende Ludwig Richter hat vor allem in seinen frühen Jahren, ehe er sich biedermeierlichen Bildwelten widmete, gern im Gebirgsland der jungen Elbe gemalt, gezeichnet und geschrieben („Eine Natur hier, als vernehme man noch Schöpfungsworte jener großen Woche"); später, als Mittzwanziger, gab er als Zeichenlehrer an der Porzellanmanufaktur in Meißen sein Können an den Nachwuchs weiter.

Carl Maria von Weber gehört mit in die Reihe. An der Gebirgsstraße vom Quellbereich hin zur Iserhochebene liegt die Stolpichschlucht. Der Komponist, der 1814 aus Dresden ins Gebirge gekommen war, entdeckte wandernd die dämmernde, düstere Stelle und ließ sich von ihrer gespenstischen Einsamkeit zur Wolfsschluchtszene seines „Freischütz" anregen. Bald nach der Uraufführung 1821 ist das so phantasievolle und lebensnahe Werk zur Nationaloper geworden.

Unter den venezianischen Glasbläsern, die unterhalb des Kamms ihre zerbrechlichen Wunder formten, entdeckte Gerhart Hauptmann um 1900 seine geheimnisvolle Pippa und den alten Mystiker Wann („Und Pippa tanzt"). Ein Märchenland also auch, „wo der Rübezahl mit seinen Zwergen heut noch Sagen und Märchen spinnt", wie es im Riesengebirgslied weiter heißt. Die Namen der Berge und Fluren rechts und links der Elbe benennen auch die Liebe der Menschen zum Land und klingen selbst wie Sagen und Märchen, Silberkamm und Blaugrund, Ziegenrücken und Veilchenspitze, Goldhöhe und Geiergucke . . .

Eine Schlittenfahrt entlang der jungen Elbe winters durch den Tann steil hinunter nach Hohenelbe (Vrchlabi) ist etwas Herrliches. Es gibt noch den einen oder anderen alten wuchtigen Hörnerschlitten mit dem gebogenen Steuerknüppel, so wie ihn einst die Holzknechte aus dem Tirolerischen mitgebracht hatten, als sie vom königlich-böhmischen Berghauptmann Christoph von Gendorf in die Sudeten gerufen worden waren. Für die wieder gern gesehenen Touristen werden die wilden Gefährte herausgeholt aus den Remisen. Der Schnee liegt hier oben oft bis weit in den April.

Die alte Elbstadt, die erste städtische Siedlung, die der noch so frische Fluß hurtig durchquert, gehörte einst zum Wallensteinschen Besitz. Und er lebte gern in Hohenelbe, der kaiserlich-habsburgische General. Das Stadtschloß, das noch baufrisch in seinen Besitz gelangt war, kam seinen astronomischen Neigungen entgegen – mit seinen vier Türmen, die vier Jahreszeiten symbolisierend, seinen zwölf Eingängen mit den Namen der zwölf Monate, den 52 Räumen für die Wochen und den 365 Fenstern für die Jahrestage. Die schönen Laubengänge der zur Hauptstraße sich öffnenden zwei- bis dreistöckigen Bürgerhäuser mit ihren hölzernen, vielfach verzierten Giebeln bezeugen, wie die von hier vertriebenen Sudetendeutschen einst ihre Gebirgsstadt geliebt haben, und es ist ein Stück mitteleuropäischer Hoffnung, daß gerade hier, gerade an der Elbe, viele der nach 1945 verfallenen Laubenhäuser in jüngster Zeit von den neuen Bewohnern restauriert worden sind.

Überhaupt ist zu entdecken, daß die Elbe gleich auf ihren ersten vierzig, fünfzig Kilometern Herrliches aus Europa versammelt hat. Nur ein paar Paddelbootminuten weiter südöstlich von Hohenelbe fließt sie an Kukus (Kusk) vorbei. Das ist der liebliche Ort,

„Endlich vor Spork. Neben seinem Schimmel ragt der Graf. Sein langes Haar hat den Glanz des Eisens. Der von Langenau hat nicht gefragt. Er erkennt den General, schwingt sich vom Roß und verneigt sich in einer Wolke Staub. Er bringt ein Schreiben mit, das ihn empfehlen soll beim Grafen. Der aber befiehlt: ‚Lies mir den Wisch.' Und seine Lippen haben sich nicht bewegt. Er braucht sie nicht dazu; sind zum Fluchen gerade gut genug. Was darüber hinaus ist, redet die Rechte. Punktum. Und man sieht es ihr an. Der junge Herr ist längst zu Ende. Er weiß nicht mehr, wo er steht. Der Spork ist vor Allem. Sogar der Himmel ist fort. Da sagt Spork, der große General: ‚Cornet.' Und das ist viel."

Rilke, immer gern etwas exzentrisch, hat auf das westfälische c bei Sporck verzichtet. Schade. Sporck, so schreibt er sich nun mal, Franz Anton aber diesmal, der Sohn also, ist mit seinem festlichen, formen- und figurenreichen Kukusgarten (mit seinen Bauten und Busen immer noch sehenswert), mit der phantastischen Bethlehemgrotte am Ufer, mit den ersten in Böhmen aufgeführten italienischen Opern, im Sporck'schen „Comoedienhaus" an der Elbe und mit der Einführung des Waldhorns in die Orchestermusik eine barocke Persönlichkeit der Kunstgeschichte geworden. Der einst gerngehörte Ausdruck, daß hier das „Böhmische Versailles" zu finden sei, ist nicht übertrieben. Und auch das ist viel.

Nur ein paar Wanderstunden entfernt liegt das stattliche Gut Hermanitz (Heřmanice) an der Elbe, der Geburtsort des Albrecht Eusebius Wenzel von Wallenstein (1583–1634). Sein Vater gehörte zum alten böhmischen Adelsgeschlecht der Waldstein, auch Waldenstein geschrieben. Wallenstein ist als Herzog von Friedland, als Friedländer, in die Geschichtsbücher eingegangen. Sein Leben endete in Eger an der Eger, die bei Leitmeritz (Litoměřice) in die Elbe fließt. Aber das ist eine andere Geschichte.

Jede Landschaft hat einen eigenen Charakter. Bei dieser ist bemerkenswert: Hier hat die Romantik Heimatrecht. Wer sich das Gebiet erwandert, bekommt das auf Schritt und Tritt zu spüren. Das Bergland der jungen Elbe öffnet sich wieder. Heute dahin zu reisen ist ebenso einfach, wie nach Österreich zu fahren. Noch ehe sie das Gebirge verläßt, hat also die Elbe ein Stück Europa angesetzt. Und gleich vom Feinsten.

An der jungen Elbe hat die Romantik Heimatrecht. An der Gebirgsstraße vom Quellbereich hin zur Iserhochebene liegt die Stolpichschlucht. Als Carl Maria von Weber 1814 von Dresden aus ins Gebirge wanderte, entdeckte er die dämmernde Stelle und ließ sich von ihrer gespenstischen Einsamkeit zur Wolfsschluchtszene seines „Freischütz" anregen. Hier eine zeitgenössische Illustration der berühmten Opernszene auf einem Kupferstich nach J. H. Ramberg.

in dem an der Wende vom 17. zum 18. Jahrhundert Franz Anton Reichsgraf Sporck (1662–1738) bei drei Mineralquellen einen Badeort mit barocken Brunnenhäusern und Wasserspielen errichten ließ, der es noch immer mit dem berühmteren Karlsbad aufnehmen kann. In Karlsbad war Goethe zwölfmal zu Gast. In Kukus war Rilke immer wieder. Dabei hatte es ihm die Erinnerung an den alten Sporck, Johann, Reichsgraf, den Vater des Badbauers (1601–1679), besonders angetan.

Das war ein Bauernsohn aus dem bei Paderborn gelegenen Pferdedorf Westerloh, der, wie in Westfalen üblich, als zweiter Sohn nicht erbberechtigt war. Ein handfester Kerl ganz gewiß. Er ging unter die Soldaten, schlug kräftig zu, und dies in den Wirren des Dreißigjährigen Kriegs immer auf der richtigen Seite, brachte es zum Reitergeneral, half den Habsburgern, die Türken aus Österreich zu vertreiben, und wurde vom Kaiser in Wien in den Reichsgrafenstand erhoben. Mit einem schönen Eckchen Land an der Elbe wurde er belohnt. Kukus. Rilke setzte dem Reichsgrafen 1906 in seinem berühmten „Cornet" ein Denkmal. Sanft pathetisch erscheint die Szene, in der sich der blutjunge Kriegsmann Christoph Rilke bei ihm meldet:

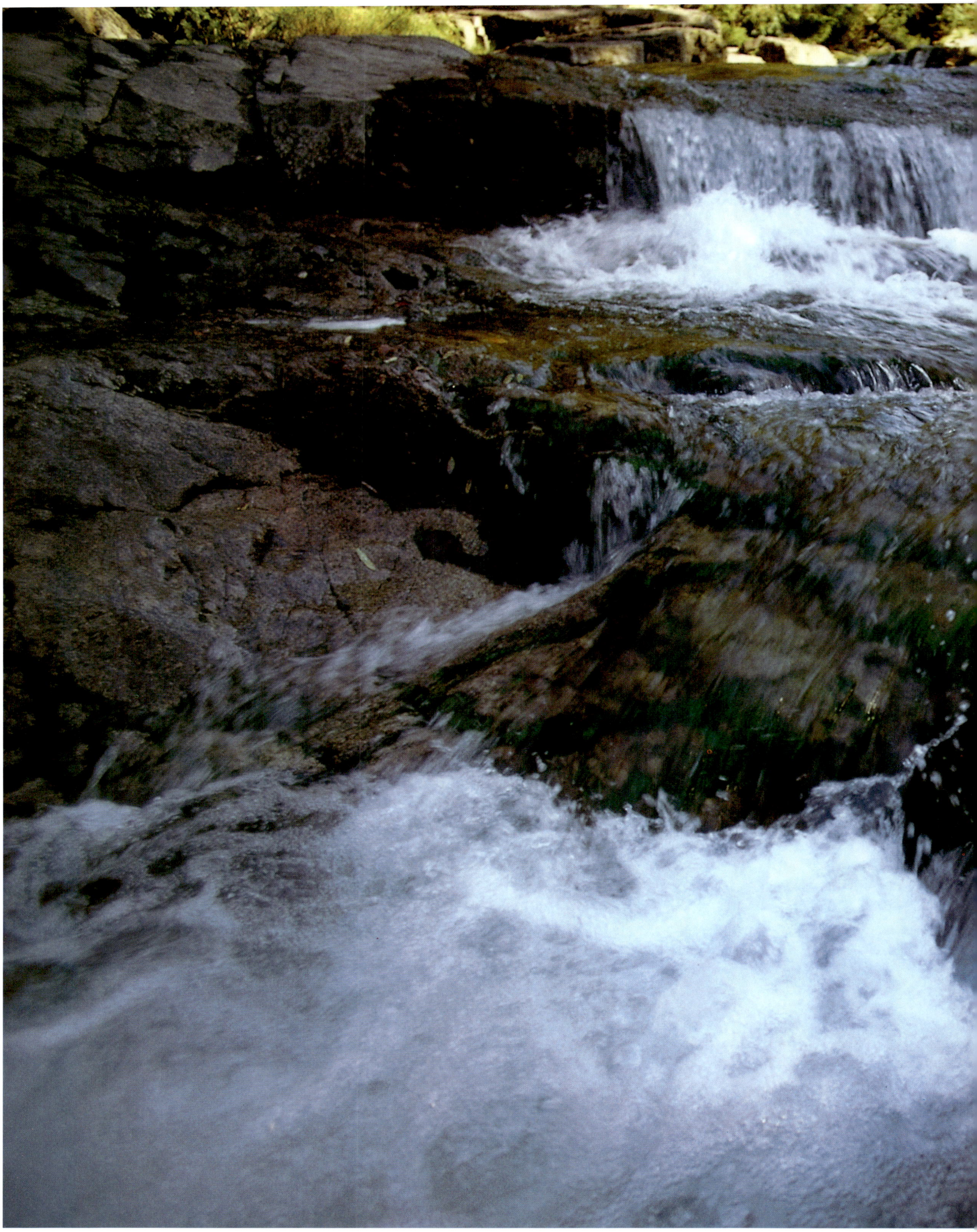

Aus dem Schneegebirge kommt ein Brünnlein kalt, mausert sich zum Gebirgsbach und erfrischt mit seinem eisblauen Wasser, das über grünbemooste Steine stürzt, das Gemüt. Die Kinderstube der Elbe war schon immer eine Landschaft für Maler und Dichter.

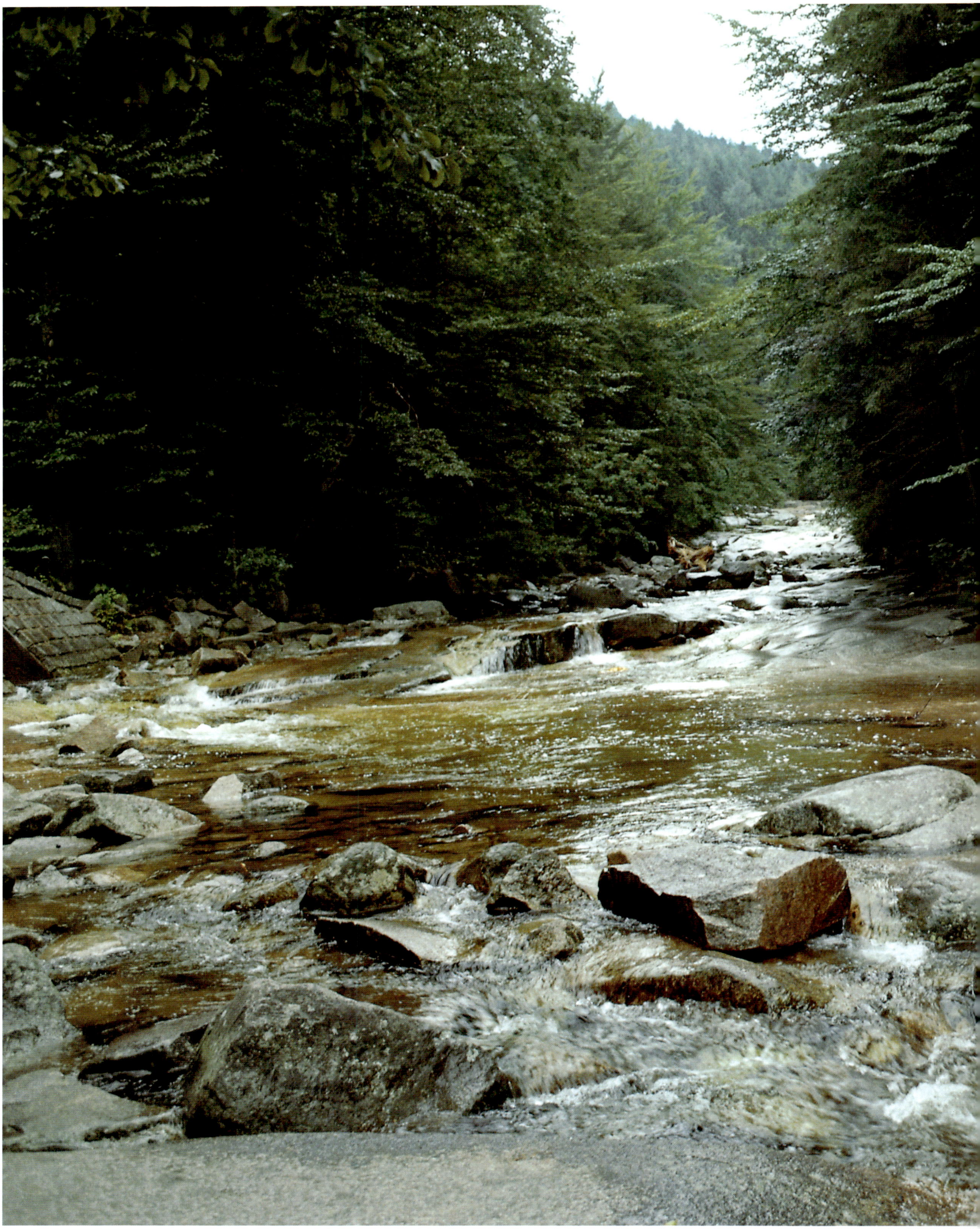

Wo die Elbe so heimlich rinnt...", heißt es im Lied der Riesengebirgler. Aber sie rinnt nicht lange heimlich. Bäche und Bächlein aus dem Gebirge kommen nach und nach hinzu, und bald ist, wie hier im Mummelgrund, ein zauberhaftes Flüßchen entstanden. Caspar David Friedrich hat in der grünen Schönheit der Natur einige seiner eindrucksvollsten Bilder gefunden.

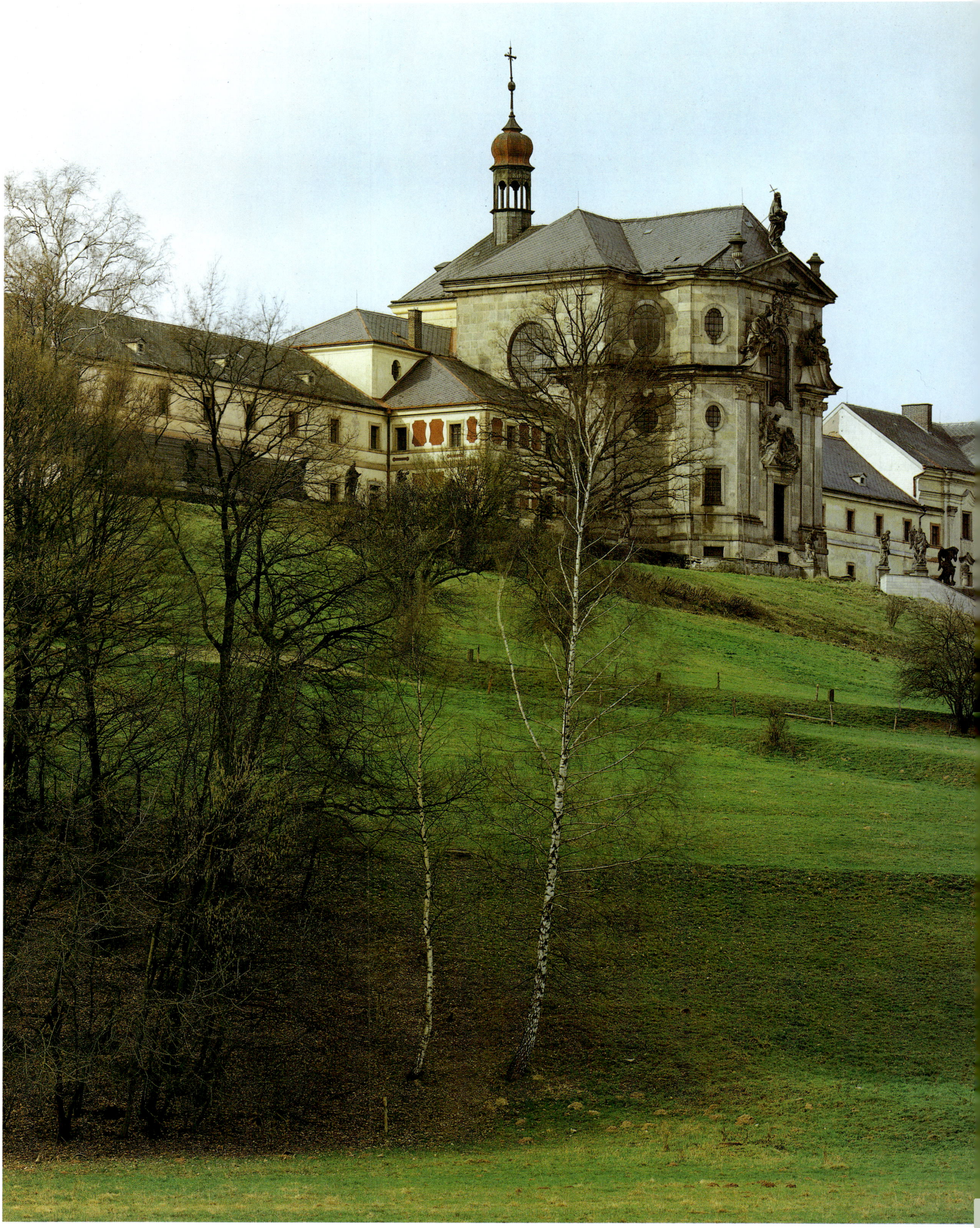

Franz Anton Reichsgraf Sporck hat an der Wende vom 17. zum 18. Jahrhundert bei Kukus an der Elbe einen Badeort mit barocken Prachtbauten errichtet. Als „Böhmisches Versailles" ist sein geliebtes Kukus in die europäische Kunstgeschichte eingegangen. Der Garten und die Barockbauten sind eine verschnörkelte Sehenswürdigkeit geblieben.

Die Elbe mausert sich: *Von Königgrätz bis Kolin*

Die Szene ändert sich, der Wechsel ist scharf, ein anderer Ton wird angeschlagen. Den romantischen Großformen der Berge folgt die schwermütige Melodie des Hügellandes.

Die Elbe mausert sich. Sie wächst. Sie wird stark. Aus dem abseits liegenden, stillen Adlergebirge in den Ostsudeten kommen die Wilde und die Stille Adler, die sich kurz vor ihrem Aufgehen in die Elbe bei Königgrätz (Hradec Králové) zur Adler vereinen.

Die Elbe tritt in die Geschichte ein. An ihren Ufern sind Schlachten von blutiger Gewalt geschlagen worden. Hier wurde vor nahezu anderthalb Jahrhunderten über das heutige Europa bestimmt.

„Unsere Leute", schrieb der damalige preußische Ministerpräsident Otto von Bismarck an seine Frau, „sind zum Küssen, jeder so todesmutig, ruhig, folgsam, gesittet, mit leerem Magen, nassen Kleidern, nassem Lager, wenig Schlaf, abfallenden Stiefelsohlen, freundlich gegen alle, kein Plündern und Sengen, bezahlen, was sie können, und essen verschimmeltes Brod. Es muß doch ein tiefer Fond an Gottesfurcht im gemeinen Mann bei uns sitzen." Der Brief trägt das Datum des 9. Juli 1866.

Sechs Tage zuvor, am 3. Juli, waren in der Nähe der alten böhmischen Königsfestung Gretz die Truppen der Preußen mit ihren Verbündeten und die Armeen der Österreicher und ihre Mitstreiter in aller Morgenfrühe zum „Waffengang" angetreten, wie man das damals in schrecklicher Untertreibung nannte. Auf jeder Seite standen etwa zweihundertzwanzigtausend Mann. Unweit der Elbe, zwischen der westlichen, der sogenannten Prager Vorstadt von Königgrätz, und dem Dorf Sadowa an der Straße nach Gitschin, fand eine der letzten gewaltigen Reiterschlachten Europas statt. Und zum letzten Male in der Geschichte der Deutschen kämpften zwei deutsche Staaten scharf und blutig gegeneinander. An der Seite Preußens standen siebzehn norddeutsche Kleinstaaten und die Hansestädte. Mit Österreich zogen die Reiterregimenter des alten Deutschen Bundes, Truppen also aus fast allen deutschen Mittel- und Südstaaten, dazu die aus Sachsen, Hessen-Kassel und Hannover ins Schlachten.

Es war ein Bruderkrieg, den niemand wollte, selbst der Preußenkönig nicht. Bismarck wollte ihn, und er bekam ihn. „Ich gehorchte unentrinnbaren Notwendigkeiten, als ich den alten Deutschen Bund zerriß", schrieb er Jahre später wie eine Entschuldigung für sich selbst über den Juli- und Jubeltag von Königgrätz, „und ich tat es nicht, ohne mir die schweren Folgen dieses Bürgerkriegs vorzustellen, dieses Bruderkriegs ... Der Sieg hat mich freigesprochen; in der Niederlage wäre der Tod meine Zuflucht gewesen."

Er brauchte die letzte Zuflucht nicht. Am Abend stand fest, daß sich Bismarcks Preußen und Hanseaten den Sieg geholt hatten, nicht zuletzt, weil ihre Soldaten Zündnadelgewehre hatten, während die Truppen der europäischen Südstaatler noch mit Vorderladern hantierten. Der Sieg von Königgrätz hat viel gekostet, etwa einunddreißigtausend Mann an Toten und Verwundeten bei den Verlierern, etwa zehntausend Opfer bei den Gewinnern. Bismarck aber fühlte sich vor der Geschichte freigesprochen.

Seit Königgrätz gab es eine neue Führungsmacht in Mitteleuropa: Preußen. Bereits am 5. Juli begannen die Verhandlungen mit den Österreichern über die Waffenruhe, und am 23. August wurde in Prag der Friedensvertrag unterzeichnet. Österreich schied aus dem nationalen Verband der Deutschen aus und mußte sich ins Alpenland zurückziehen; der Weg zum Deutschen Reich war vorgezeichnet.

Der Julitag von 1866 an der Elbe ist zum Eckdatum der Weltgeschichte geworden. Wie eine Fußnote dazu kommt es einem vor, daß Bismarck in Friedrichsruh begraben liegt. Das ist nicht weit weg von Hamburg, im Kreis Herzogtum Lauenburg. An der Elbe.

Königgrätz heute ist eine bedeutende Industriestadt, mit Chemiewerken, Maschinenbauunternehmen, Gummifabriken, Textilwerken und sogar einer Kla-

vierfabrik. Alle Flüsse Böhmens fließen über die Elbe nach Deutschland, und das bedeutet, daß auch alle industriellen Abwässer mit ihren Schadstoffen, vom Quecksilber bis zum hochgiftigen Hexachlorbenzol, ihren bösen Weg in den Norden nehmen.
Auf hintergründige Weise hängt auch das mit dem Juli 1866 zusammen. Das siegreiche Preußen marschierte nicht nur aufs Reich und auf seine Machterweiterung zu, sondern auch auf die Industrialisierung Europas. Es begannen die Gründerjahre.
Weiter geht die Flußfahrt. Elbabwärts. An einer schönen Biegung des Flusses, von Königgrätz nicht mehr als dreißig Kilometer entfernt, liegt die Renaissancestadt Pardubitz (Pardubice). Die Herren der bei

In der Nähe der alten böhmischen Königsfestung Gretz an der Elbe waren am 3. Juli 1866 die Truppen der Preußen mit ihren Verbündeten und die Armeen der Österreicher und ihre Mitstreiter in aller Morgenfrühe zum blutigen „Waffengang" angetreten. Die zeitgenössische Lithographie von der Schlacht bei Königgrätz spart Opfer weitgehend aus.

Brünn aufragenden mährischen Burg Pernstein haben hier im 16. Jahrhundert das Schloß, das Grüne Tor und die herrliche, gut erhaltene Bartholomäuskirche errichten lassen, und mit vielen Renaissancehäusern zog eine einst gutsituierte Bürgerschaft nach. Die kleinere, gemächlichere Chrudimka bringt hier ihre Wasser in die Elbe ein.
Das traditionsreiche Pardubitzer Jagdrennen, einst international beschickt und ein Ereignis im Pferdesport, macht in jüngster Zeit einem Motorradrennen Platz, bei dem sich die Speedway-Elite trifft. Die Fahrer, die ihre Stahlschuhe über die Bahn schleifen lassen, kommen wie einst die Jockeys aus vielen Ecken Europas.
Wieder dreißig Kilometer weiter durften die Pferde ihr Dorado behalten. Das einstige Habsburger Hofgestüt Kladrub hatte die friedvolle Aufgabe, Kutschpferde für die kaiserlichen Karossen in Wien und für die Paraden über die Ringstraße heranzuziehen. Heute haben die strammen Apfelschimmel des Staatsgestüts Kladrub einen guten Ruf in der Fachwelt, und das kommt nicht zuletzt daher, daß sie sich auf den weiten Elbwiesen austoben können.
Schon einmal standen sich an der Elbe Österreicher und Preußen gegenüber, über hundert Jahre vor dem Königgrätzer „Waffengang". 1757 war das, im Jahr nach dem Beginn eines Krieges, der als der Siebenjährige in die Geschichtsbücher eingehen sollte. Österreich, Frankreich und Rußland ließen damals zwar voreinander die Muskeln spielen, fanden aber zueinander, als es galt, dem mächtiger gewordenen Preußen und seinem ehrgeizigen König Friedrich eine Grenze zu setzen.
Nach einer für Friedrich noch glimpflich ausgegangenen Schlacht vor Prag am 6. Mai stießen die preußischen Regimenter am 18. Juni an der Elbe auf die Österreicher unter Leopold Graf von Daun. Das Kriegsglück war diesmal mit den Österreichern. Friedrich verlor seine gesamte Garde. Maria Theresia triumphierte und stiftete hier in der Siegesfreude einen mit ihrem Namen verbundenen und noch heute hochgeschätzten Orden.
Verwirrt stand der Preußenkönig in der Koliner Stadtkirche St. Bartholomäus; der berühmte Dombaumeister Peter Parler aus Schwäbisch Gmünd hatte den schönen Sakralbau im vierzehnten Jahrhundert vollendet. Nach einer Stunde voller Verzweiflung war Friedrich aufs Pferd gestiegen und davongestürmt. Ob er einmal daran gedacht hat, wie die Geschichte Europas verlaufen wäre, wenn sich einst seine Mutter gegen den herrschsüchtigen Vater durchgesetzt und er als der damalige preußische Kronprinz seine kaiserliche Cousine Maria Theresia geheiratet hätte? Die Elbe hätte ganz gewiß weniger Schlachten gesehen.
Kriegsglück ist wechselhaft. Friedrich muß es als Genugtuung empfunden haben, daß ihm der Daun und seine Österreicher noch einmal vor die Kanonen gekommen sind. Das war 1760. Die Preußen siegten. Aus Friedrich II. konnte Friedrich der Große werden. Das war die Schlacht bei Torgau. Bei Torgau an der Elbe.

Nur eine wie vergessen wirkende Kanone (am unteren Bildrand) und ein kleines Gedenkhaus erinnern heute noch an die gewaltige Schlacht von Königgrätz. Wo im Juli 1866 die Preußen mit ihren Verbündeten und die Österreicher mit ihren Truppenkontingenten in blutigen Kämpfen verkrallt waren, wächst heute wieder der Weizen in der böhmischen Sonne.

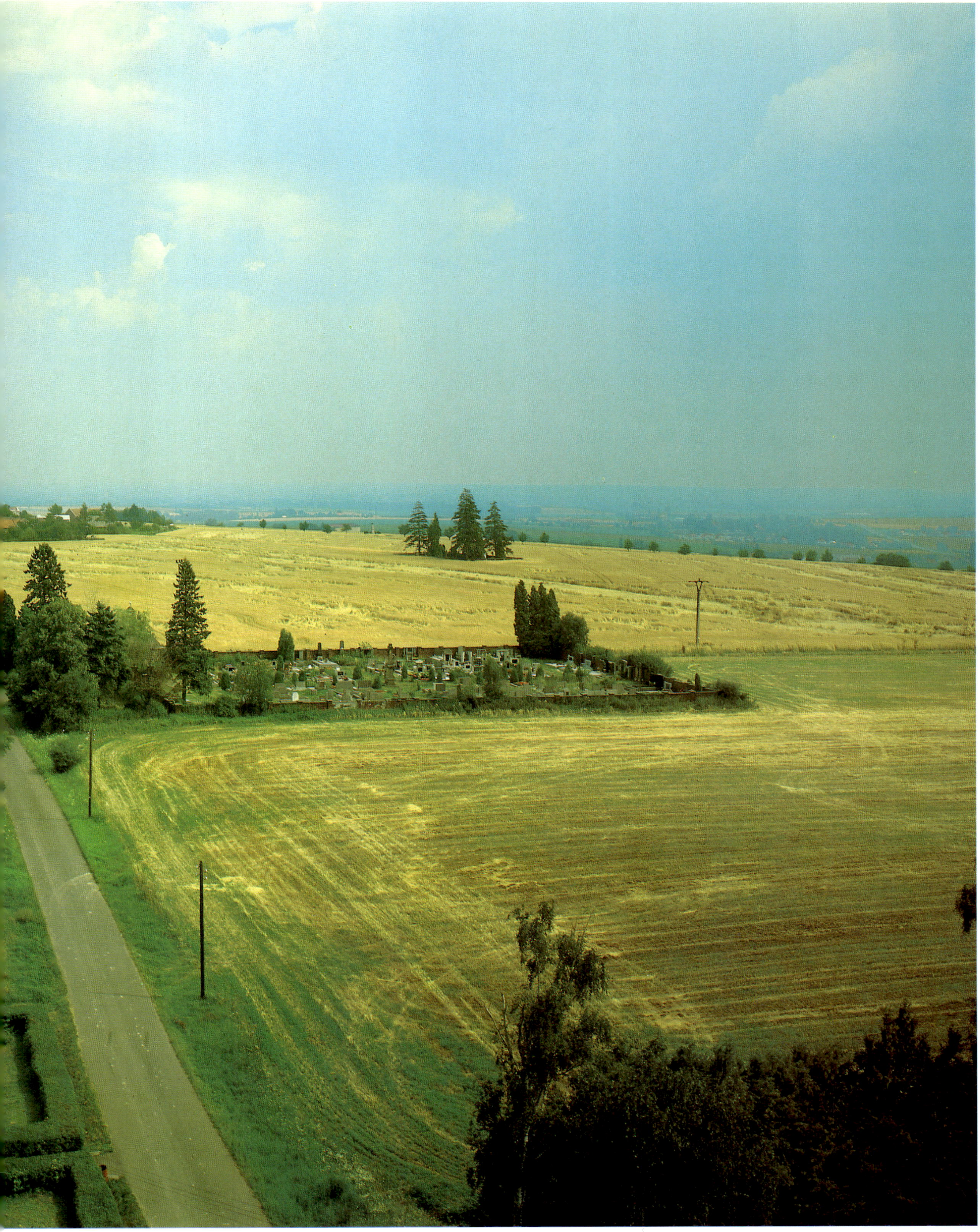

Kolin an der Elbe. Die Stadt hat sich manches von ihrem altösterreichischen Charme bewahrt. Bei Kolin standen sich auch einmal Preußen und Österreicher gegenüber. Damals, 1757, triumphierte Kaiserin Maria Theresia und stiftete in dem Ort einen mit ihrem Namen verbundenen und noch heute hochgeschätzten Orden.

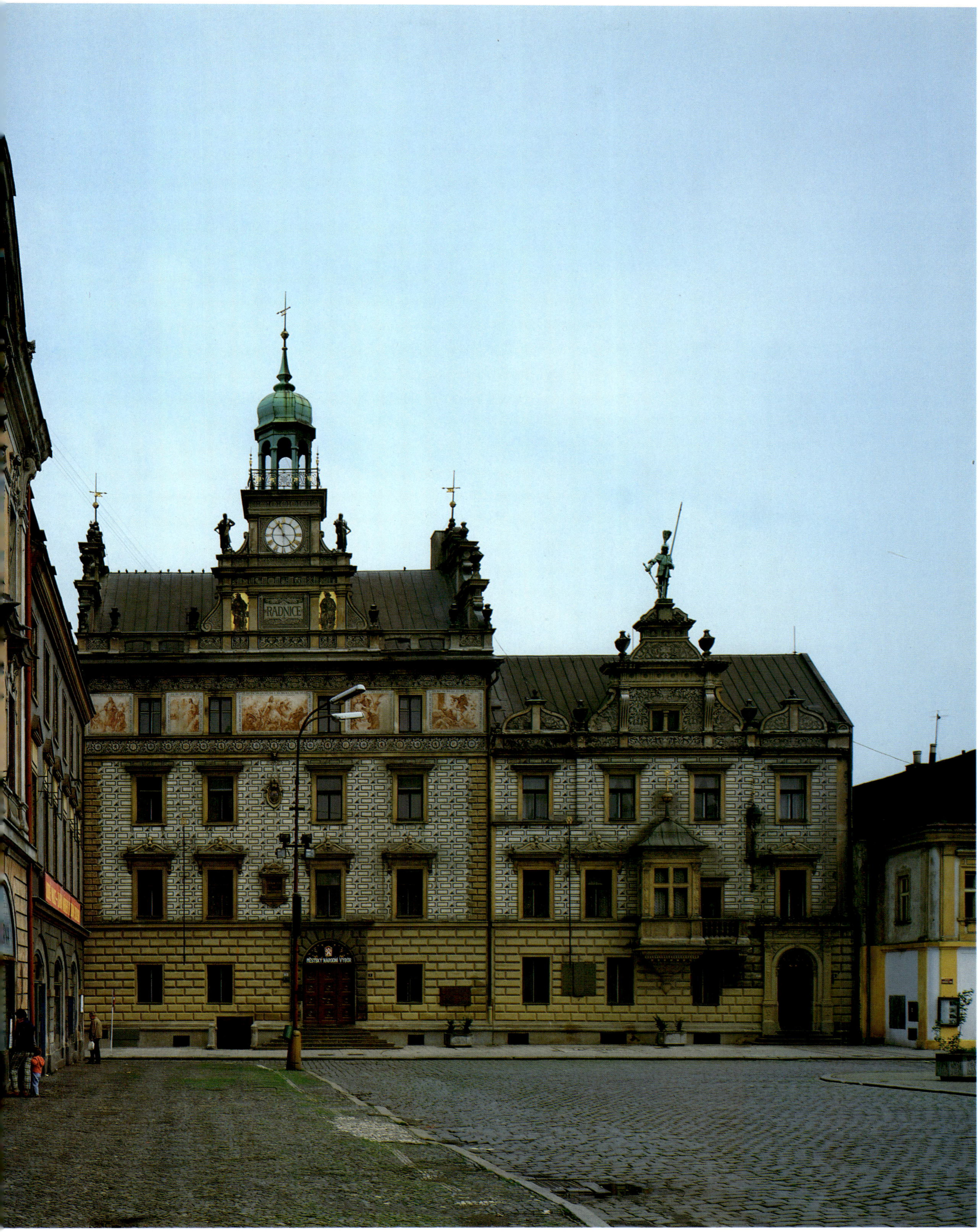
RADNICE

Die Elbe sonnt sich im Böhmischen Paradies: *Von Melnik bis zum Schreckenstein*

Jetzt beginnt ein Gedicht. Es heißt „Böhmisches Paradies". So wurde einst das Land an der Elbe etwa zwischen Melnik und dem Elbsandsteingebirge genannt, so lebt es in der Erinnerung vieler Menschen, und ein feiner Abglanz davon ist auch heute zu spüren.

Mit einem Gedicht soll dieses Streckenkapitel nun auch wirklich beginnen, mit dem poetischen Bild „Böhmische Schlendertage" von Rainer Maria Rilke, erstmals gedruckt im „Larenopfer" (1896):

„Fern dämmert wogender Wälder
beschatteter Saum.
Dann unterbricht
nur hie und da ein Baum
die halbe Fläche hoher Ährenfelder."

Das Land duftet. Es hat manchmal einen leichten Geruch nach frischem Brot im Sommer, und im Herbst duftet es nach Äpfeln und Wein. Wer bei Melnik in einem Weingarten über der Elbe sitzt, den Himmel über sich, einen Schoppen der St. Ludmilla-Traube vor sich, einen lieben Menschen neben sich und den Fluß unter sich, der stimmt der hochmögenden Bezeichnung vom Paradies auch jetzt gern zu. Als „Kaiser Karls Garten" ist dieses Fleckchen Erde früher bezeichnet worden, womit auf einen der großen historischen Liebhaber dieses Landes angespielt wird, auf Karl IV., den bedeutendsten böhmischen Regenten.

Melnik mochte er besonders. Weil hier seine geliebte Moldau in die Elbe fließt, weil das fruchtbare Bauernland seiner Neigung zu Acker- und Weinbau entgegenkam, weil seine Mutter auf Burg Melnik leben mußte; Karls Vater, Johann von Luxemburg, hatte seine Gattin kurzerhand an der Elbe festgesetzt, weil er fürchtete, sie könnte es zulassen, daß aufsässige Adlige seinen Erstgeborenen raubten und an seiner Statt zum König von Böhmen proklamierten. So war das damals im vierzehnten Jahrhundert. Karl war noch ein Karlchen, nämlich sechs Monate alt. Als er vierzehn war, hatte sich Johanns Ansicht gründlich geändert.

Sohn Karl bekam Böhmen zu Lehen und erhielt damit die Aufgabe, ein schwieriges, verwildertes Gebiet zu befrieden und friedlich zu regieren. Er hat seine Aufgabe hervorragend gelöst. Das Ergebnis ist bedeutend für die weitere europäische Geschichte: Das böhmische Kronland wurde für Jahrhunderte das Fundament, auf dem die Krone des Heiligen Römischen Reiches ruhte.

Bis ins Jahr 1806, in dem der deutsche (und österreichische) Kaiser Franz II. (I.), der Enkel Maria Theresias, die Krone des Heiligen Römischen Reiches Deutscher Nation niederlegte, war die Geschichte der böhmischen Kronländer ein Stück Reichsgeschichte und damit ein Teil der Geschichte der Deutschen. Die Großen der damaligen Welt zogen von Norden und Westen her die Elbe entlang und bogen bei Melnik in Richtung Prag, um dort dem Kaiser in seiner Residenz zu huldigen. Goldene Zeiten.

Hier ereignete sich Europa. Der Vater Karls IV. war der Luxemburger. Seine Mutter kam aus dänischem Hause. Erzogen wurde der junge Mann in Frankreich. Seinen ersten Dienst in Vaters Namen trat er in der Lombardei an. Jülich und Lüttich, Limburg und Brabant, Mähren und Schlesien, die Lausitz und Brandenburg kamen in seiner Zeit dazu, und von Prag aus wurde alles in der Hand gehalten. Eine zweite Residenz ließ sich der Europäer Karl bei Magdeburg bauen. In Tangermünde. An der Elbe.

Von Melnik nach Leitmeritz trägt die Elbe nun längst große Schiffe, Lastkähne und wieder fröhliche Passagierschiffe durch eine grüne und blühende Landschaft. Schlösser links und rechts sind heute die Erinnerungssignale für Kunst und Geschichte. Auf Kosteletz saßen bis 1945 die Kinskys, auf Laucin, wo Rilke gern Gast war, residierten ebenfalls bis 1945 die von Thurn und Taxis, auf Pottenstein waren die von Dobrzenitz daheim, die mit dem Storch im Wappen, verwandt mit der berühmten schwedischen Familie von Rosen, auf Opotschno die Terzkys und später die Colloredo-Mansfelds, auf Raudnitz, wo die Freiherren von Lobkowitz saßen, wurde der italienische Schwarmgeist Cola di Rienzi, der nur zu gern zusammen mit Karl IV. ein Weltreich geschaffen hätte, nobel gefangengehalten. Hätte ihm nicht Wagner in seiner frühen Oper „Rienzi" ein Denkmal gesetzt, wäre Cola wohl vergessen. Bei Christian Graf Thun-Hohenstein auf Liblitz war früher das alte Österreich gern zu Gast, auf Brandeis lebte Erzherzog Leopold, Großherzog von Toskana, Doxan gehörte bis 1945 den Aehrenthals.

Deutsch oder italienisch oder tschechisch – das spielte keine Rolle damals, als Europa schon einmal groß war. Der Frühling mit den Wiesenblumen, der Sommerduft der Linden, der milde Herbst am Fluß, die krachende Kälte des Winters – alles war für alle gleich, und alle liebten ihre schöne Heimat.

Die Geschichte mit dem Storch gehört hierher. Einer der Herren von Schloß Pottenstein liebte die Storchenvögel vom Elbufer, und sie liebten ihn. Auf einem Kreuzzug geriet der Ritter in türkische Gefangenschaft. Dort unten im Osmanenland sah er eine Storchenschar und bat den Sultan, der ihn festhielt, mit den Vögeln sprechen zu dürfen – es könne sein, daß einer seiner Störche von daheim dabei wäre. Es wurde gestattet. Und wahrhaftig: Ein Storch erkannte seinen Wohltäter von Dobrzenitz. Mit einer Botschaft am Storchenbein wurde der treue Vogel ins Elbtal geschickt. Die glückliche Familie kaufte den Gefangenen frei – und hatte ihr Wappentier.

Ein Märchen natürlich, aber eines, das ins Land paßt, in dieses fruchtbare Tal der Elbe, in das Bauernland, das Obstland, das zur Apfelblüte so hell und heiter ist wie das Alte Land an der Elbe hinter Hamburg.

Bei Leitmeritz (Litoměřice) führt eine Brücke über die Elbe, mit der sich ein düsteres Kapitel der jüngeren Vergangenheit verbindet. Denn die alte Bischofsstadt auf der einen Seite mit ihren Kirchen und Kellern, ihren Gassen und Giebeln, ihren gotischen Bauten und barocken Schnörkeln – sie ist ein Teil. Das andere Teil, jenseits des Flusses, ist die nach Maria Theresia benannte, über zweihundert Jahre alte Festungsanlage; sie liegt an der Mündung der Eger in die Elbe: Theresienstadt (Terezín).

Hohe Backsteinmauern schlossen erst eine Garnison und später ein Staatsgefängnis von der heiteren Außenwelt ab. Gavrilo Princip saß hier vier Jahre in Einzelhaft, der Mann, der mit den Schüssen von Sarajewo 1914 eine Kriegslawine losgetreten hatte. In einer sehr dunklen Zeit der deutschen Geschichte, von 1941 bis 1945, befanden sich ein Konzentrationslager und ein großes Ghetto in Theresienstadt, 33 000 Inhaftierte kamen um, 88 000 wurden von hier in Vernichtungslager deportiert. Noch mehrere Jahre nach 1945 wurden viele Deutsche hier in Haft gehalten.

Manchmal ist es, als hätte einer der bedeutendsten europäischen Künstler des Jahrhunderts vorausgeahnt, welche gefährlichen Strudel in der menschlichen Seele vorhanden sind und welche dumpfen Möglichkeiten auch im scheinbar aufgeklärten Geist bestehen: Alfred Kubin. Er hat Ängste und Bedrängnisse, Zweifel, Träume und Untergangsvisionen aufgezeichnet. In Leitmeritz ist er 1877 zur Welt gekommen. Als alter Herr hat er die Stadt der Jugend wiedergesehen und die leise Erregung der Begegnung festgehalten:

„Durch einen mit hohem Unkraut bestandenen Hof gewahrte ich im Nebel die Binsen und Uferweiden der Elbe; Wasserdunst stieg herauf. Hinter mir machte sich nun jemand etwas zu schaffen. Ein Bursche trug in einem Schaff Schutt herbei. Man rief mich an: ‚Sucht der Herr hier jemand?' Ich verneinte und ging weiter."

Nach Aussig (Ústí) ist es nicht weit. Die „allzeit getreue Stadt", schon im zehnten Jahrhundert als Zollstätte am Ufer der Elbe genannt, entwickelte sich schon unter den österreichischen Kaisern zu einer der ersten Industriestädte des Landes. München ist heute Patenstadt für das alte Aussig. Die Beziehungen haben sich längst normalisiert, und dazu gehört unter geistig freiheitlich verbundenen Nachbarvölkern, daß so offen wie über die Untaten der Deutschen auch über das Massaker der Tschechen gegen die deutsche Bevölkerung gesprochen wird: Ihm sind am 31. Juli 1945 viele hundert Aussiger zum Opfer gefallen.

Aussig kennt jeder. Jeder. Jeder hat schon einmal in seinem Lesebuch, in einem Kunstbuch oder auf einer Postkarte das Bild gesehen: „Überfahrt am Schreckenstein". Romantik pur. Mehr als ein Bild. Ein Symbol. Eine der schönsten Ikonen der Romantik. Ludwig Richter hat die Überfahrt gemalt, als er hier 1837 auf der Suche nach Italien war. Die Burg auf dem Klingensteinfelsen, im vierzehnten Jahrhundert zum Schutze des Wasserweges gebaut, erhebt sich nur fünfundachtzig Meter hoch über die Elbe. Das ist so gewaltig eigentlich nicht. Aber durch Richters Bild wurde sie so überlebensgroß, daß seither Aussig gewissermaßen in ihrem Schatten liegt.

Ludwig Richters romantisch-schöne „Überfahrt am Schreckenstein" gehört zu den in der Welt meistgedruckten Ansichten. Das Bild entstand 1837. Eigentlich wollte er in Italien malen. Doch die Schönheit der Elblandschaft vor der Burg auf dem Klingensteinfelsen überraschte und überwältigte ihn. Das Original des Gemäldes ist an der Elbe geblieben – in den Dresdner Kunstsammlungen.

Der Künstler kannte die Landschaft an der Elbe. In seinen „Lebenserinnerungen eines deutschen Malers" notierte er: „Ich war überrascht von der Schönheit der Gegenden, und als ich an einem wunderschönen Morgen bei Sebusein über die Elbe fuhr und die Umgebung mich an italienische Gegenden erinnerte, tauchte zum ersten Male der Gedanke in mir auf: Warum willst du denn in weiter Ferne suchen, was du in deiner Nähe haben kannst? ... Als ich nach Sonnenuntergang am Ufer der Elbe stand, dem Treiben der Schiffsleute zusehend, fiel mir besonders der alte Fährmann auf, welcher die Überfahrt zu besorgen hatte. Das Boot, mit Menschen und Tieren beladen, durchschnitt den ruhigen Strom, in welchem sich der goldene Abendhimmel spiegelte. So kam unter andern auch einmal der Kahn herüber, mit Leuten bunt angefüllt, unter denen ein alter Harfner saß, welcher statt des Überfahrtskreuzers etwas auf der Harfe zum Besten gab." Begeistert zeigten sich einst die Dichter. Einer, Heinrich von Kleist, schrieb in einem Brief über eine Reise an die Elbe am Schreckenstein: „Wie eine Jungfrau unter Männern erscheint, so tritt sie schlank und klar unter die Felsen, leise, mit schüchternem Wanken naht sie sich, das rohe Geschlecht drängt sich, ihr den Weg versperrend, um sie herum, der Glänzend-Reinen ins Antlitz zu schauen, sie aber, ohne zu harren, windet sich flüchtig, errötend hindurch . . . Es war einer von jenen lauen, süßen, halbdämmernden Tagen, die jede Sehnsucht und alle Wünsche des Herzens ins Leben rufen."

Kleist, der Unglückliche, der Tragische, der mit dem Schicksal Hadernde – hier war er einmal glücklich. Er hat die Elbe zur Sprache gebracht, fein und leise. Von der wuchtigen Staumauer, die heute mit ihren fünf dicken Pfeilern wie ein Riesenspielzeug mitten im Strom steht, genau unterhalb des Schreckensteins, kurz bevor die Elbe in Richtung Tetschen (Děčín) abbiegt, hat er noch nichts ahnen können. Das ist nun seine Jungfrau schlank und klar nicht mehr. Und auch mit dem Antlitz der Glänzend-Reinen ist es vorbei. Gerade aus Aussig kommt noch immer so viel Chemiegift in die Elbe, daß der Name Schreckenstein eine häßliche Nebenbedeutung bekommen hat.

Da wüßte wohl auch ein Rainer Maria Rilke nichts mehr zu reimen. Das Paradies hat Schaden erlitten. Aber das geht vielen Paradiesen so.

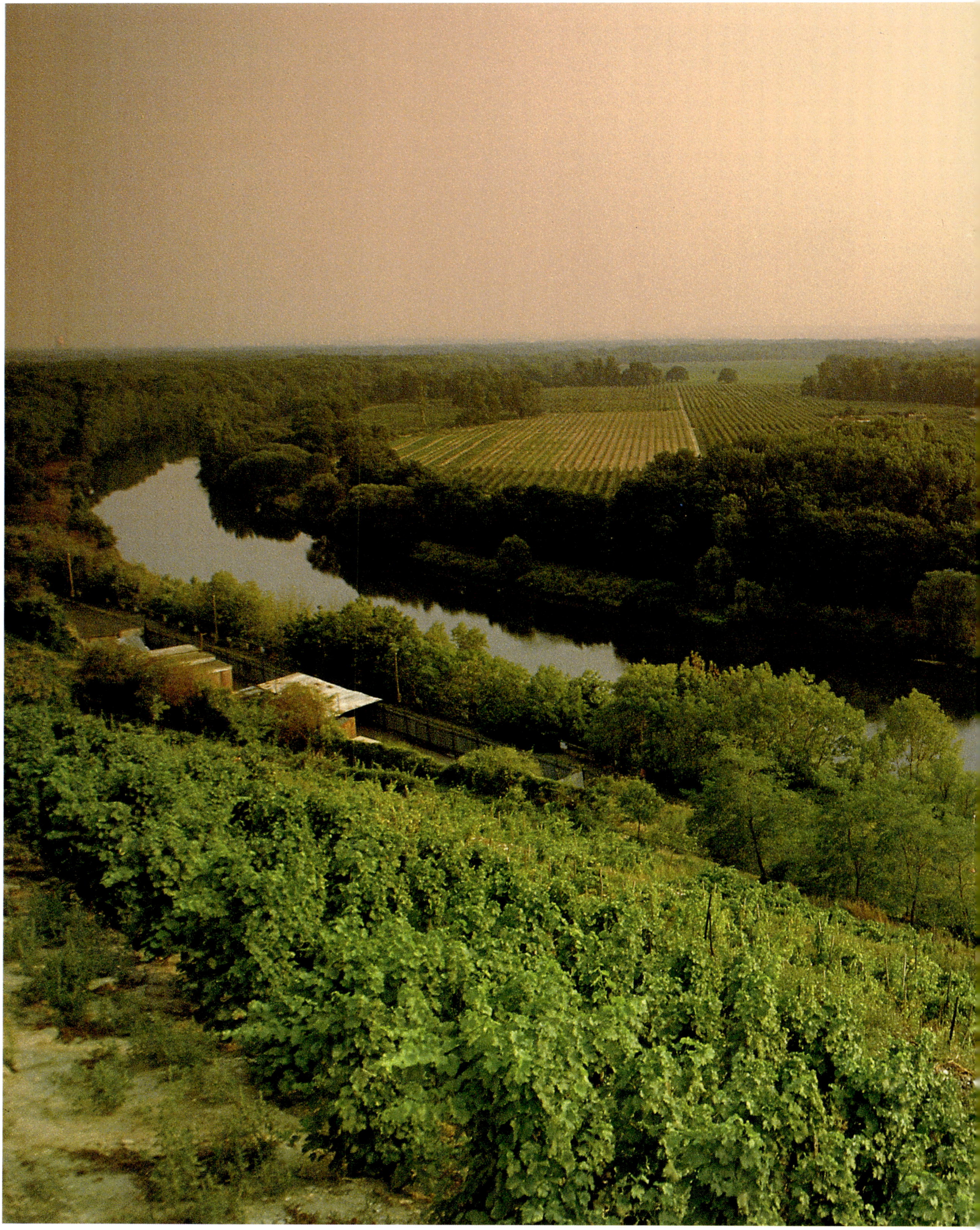

Das Land duftet – nach frischem Brot im hohen Sommer, nach Äpfeln und Wein im Herbst. „Böhmisches Paradies" heißt das Gebiet zwischen Melnik und dem Elbsandsteingebirge. Bei Melnik fließt die Moldau in die Elbe – und „fern dämmert wogender Wälder beschatteter Saum", dichtete Rainer Maria Rilke.

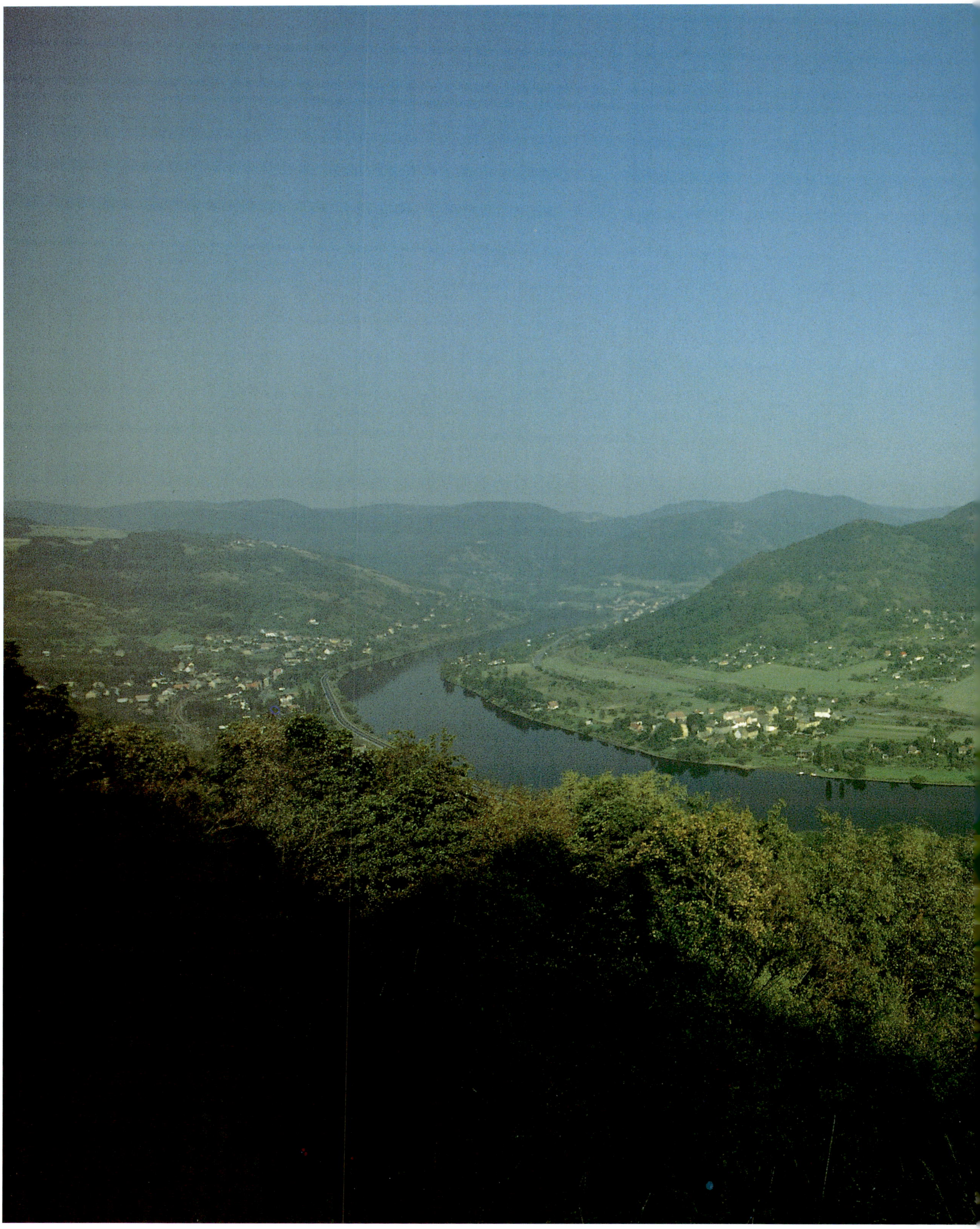

Von „lauen, süßen, halbdämmernden Tagen" schwärmte der sonst nicht zum Schwärmen aufgelegte Heinrich von Kleist, als er über eine Reise entlang der Elbe am böhmischen Mittelgebirge berichtete. Die landschaftliche Schönheit der sanften Elbufer – hier bei Sinbach – ist immer noch ein beglückender Anblick.

Die Elbe in der Sächsischen Schweiz: *Von Schmilka bis Pirna*

Titel: „Die Felsenburg". Autor: Karl May. Schauplatz: Grenzgebiet zwischen Arizona, Texas und Mexiko, am Rio Sonora.

Der Fluß durchschneidet das Bergland der Hoch-Almaden und fließt durch Felstäler von malerischer Pracht. Steile Wände gibt es, Labyrinthe aus Kreidesandstein, hochgeschichtete Türme, Überhänge und Höhlen, Nadeln, Zinnen und Schluchten.

Woher kannte er das nur so genau, dieser Charly May aus Sachsen? Schließlich hat er doch die weite Welt, die er so oft in so vielen seiner 74 Reiseromane so präzise beschrieben hat, erst als älterer Herr und längst gefeierter Autor besucht.

Wer von der Porta Bohemica her, der Böhmischen Pforte, etwa ab Lobositz das Elbtal entlang nach Norden fährt, kann Karl May pur erleben. Denn dessen Rio ist die Elbe, dessen Almaden sind ein Stück Erzgebirge, dessen Felsenburg liegt in der Sächsischen Schweiz. Der fleißige und findige Sachse hat das schönste Stück seiner Heimat einfach schriftstellerisch nach Mexiko exportiert.

Das größte Erlebnis heute beim Eintritt in die bizarre Landschaft des Elbsandsteingebirges aber ist, daß die Elbe hier von keiner Seite her mehr begrenzt ist. Zwischen Herrnkretschen (Hrensko), der alten Siedlung um ein Wirtshaus, dem Kretscham, auf der einen Seite, und dem sächsisch-freundlichen Schmilka auf der anderen Seite existiert zwar nach wie vor eine Staatsgrenze. Doch sie hat ihre Kälte verloren. Sie ist freundlicher geworden. Irgendwie sieht man das auch dem Fluß an. Sein Namenswechsel an dieser Stelle ist ihm ohnehin gleichgültig: Hier wird ohne Vorwarnung aus der Labe die Elbe.

Sandstein. Der Name sagt ja schon alles. Da hatte das Wasser gut graben. Im Erdzeitalter des Tertiär, vor beiläufig zehn Millionen Jahren oder ein paar Millionen mehr, breitete sich hier ein Vorläufer der Elbe energisch aus. Sein fließendes Wasser trug die weicheren Schichten fleißig ab und hinterließ, nachdem auch die Winde immer freier hindurchpusten konnten, so phantastische Freiplastiken wie die Bastei mit ihrer schmalen Plattform zweihundert Meter über der Elbe, die Affensteine, die Schrammsteine, den Teufelsturm, das Prebischtor, die elegante Barbarine, die Polenzwächter, den Lilienstein, die Kuhstallhöhle, die Hohe Liebe — und da spürt man schon, daß Volkes Stimme für diese Kunst-Stücke der Natur auch kunstvolle Namen gefunden hat.

Honigsteine über dem Höllgrund gibt es auch, und wer über Brücken und Stege durch dunklen Tann die Felsenburg bei Rathen erklettert hat, weiß nun sicher, woher Karl May nicht nur das Ambiente, sondern auch den Namen seines Oldie-Thrillers hatte. Man möcht' es ja kaum glauben — aber es gibt hier über neunhundert freistehende Felsen und runde fünftausend Kletteraufstiege. Und nicht etwa nur in der Phantasie von Old Shatterhand.

Ein Paradies für Bergsteiger, die nun wieder aus ganz Europa anreisen. Tausend Sandsteingipfel können die besten Klettersportler in ihren Gipfelbüchern nachweisen. Die Anforderungen sind hoch, teilweise geht es bis zum Schwierigkeitsgrad 10 c. Der sächsische Bergsteiger Bernd Arnold ist an der Elbe in die internationale Spitzenklasse hochgeklettert.

Bad Schandau mit seinem alten Brauhof am Marktplatz, einem schönen Renaissancebau, und der sehenswerten Sandsteinkanzel in St. Johannis, bittet um (lohnenden) Besuch und lädt zu guter Rast beim „Scheelchen Heeßen", wie die Sachsen ihren geliebten Kaffee genußvoll nennen; hier darf es nun wieder gern mal 'ne Bohne mehr sein.

Zur Festung Königstein ist es nun nicht mehr weit. Gewaltig hockt sie auf ihrem Tafelberg über dem Flußtal. Große Geister sind hier ein- und erst nach oft langer Haft wieder ausgegangen, der russische Revolutionär Michail Bakunin zum Beispiel, der sozialdemokratische Reichstagsabgeordnete August Bebel, der frivole Stückeschreiber Frank Wedekind oder der freche Simplicissimus-Zeichner Thomas Theodor Heine, und die Räume, in denen Johann Friedrich Böttger Jahrhunderte zuvor als Edelhäftling von August dem Starken auf Goldsuche das Porzellan erfand, sind in der Nähe der Georgenbatterie noch zu besichtigen. In den vierziger Jahren des 20. Jahrhunderts ergingen sich dann gefangene französische Generäle zwischen dem Streichwehr und der Parkzisterne entlang der Brustwehr. Tief in den Kasematten haben die Dresdner Kunstsammlungen den Bombenkrieg überdauert.

Nun darf aber die Geschichte von Sebastian Abratzky hier nicht fehlen. Sebastian war ein Schornsteinfeger, achtzehn Jahre alt. Ins Elbtal hatte es ihn verschlagen, als damals die sächsisch-böhmische Eisenbahn gebaut wurde. Die Festung Königstein galt als uneinnehmbar. Niemand hat sie je unbemerkt betreten; dazu waren die rissigen Felswände zu steil. Bis Abratzky kam. Die Schluchten im Sandstein schienen ihm auch nicht schwieriger zu durchsteigen als die verrußten Kamine, die er beruflich durchklettert hatte. Also setzte er mit seiner Schornsteinfegererfahrung von der Elbe her an, drückte den Rücken an die eine, die Füße an die gegenüberliegende Wand, und nach drei mühsamen Stunden hielt er sich an der Brüstung oben fest und schwang seine Beine in den Festungshof. Die Wachen glaubten an einen Geist. Der Geist hatte sich den Fuß verstaucht und konnte nicht davonrennen. Sebastian wurde zwölf Tage eingebuchtet und war danach der Held der Saison, und seither heißen die engen Felsspalten bei den Bergsteigern in aller Welt Kamine. Übrigens ist heute von Mai bis Oktober ein Aufzug in Betrieb.

Zum Abschluß nun Bärne. Schön weich und breit wird das gesprochen. Geschrieben wird es Pirna. Der Ort am Ausgang der Sächsischen Schweiz lockt seine Besucher mit einer attraktiven Altstadt. Das Canalettohaus vor allem ist schön; der Renaissancebau am Markt gehörte einst dem italienischen Maler Bernardo Bellotto, der sich, wie sein berühmter Onkel und Lehrer, der Venedig-Maler, Canaletto nannte und unter vielen anderen Gemälden in barocker Pracht das Bild der Stadt Dresden vom rechten Elbufer aus gemalt hat. Sehenswert ist ebenso das Markthaus Nr. 3 mit einem fünffachen Baldachin, und vom alten Bürgerstolz erzählen heute noch das Haus in der Barbiergasse (1624) mit dem Engelserker sowie das Haus in der Burgstraße (1625); hier heißt der Eckanbau Teufelserker, wegen der Ausgewogenheit.

In Pirna ist mehrere Jahrhunderte lang aus Steinen Brot gemacht worden. Hier wurden auf der Elbe die Sandsteinquader aus dem Gebirge verladen und in die Welt verschickt. Aus sächsischem Stein ist nicht nur der Dresdner Zwinger erbaut. Auch das Symbol der deutschen Vereinigung, das Brandenburger Tor in Berlin, besteht daraus. Sogar für das schöne Schloß Amalienborg am Öresund ist das Baumaterial über die Elbe in die dänische Hauptstadt Kopenhagen transportiert worden. Der Stein ist leicht zu bearbeiten, und man kann beinahe zusehen, wie er, frischgebrochen mit gelbbräunlichen Flächen, von Jahr zu Jahr interessant nachdunkelt. Er lebt, sagen die Bauleute.

Ein Wort des Dankes ist jetzt angebracht. Der Dank gilt der alten DDR. Tatsächlich. Es mag nur ein kleines Stückchen deutscher Geschichte sein, aber es hat mit der Elbe zu tun und es ist ein Symbol: Mit ihrem letzten „Staatsakt" hat die alte DDR-Regierung den „Nationalpark Sächsische Schweiz" geschaffen und damit die einmalige Eigenart dieses Stücks von Deutschland mit einer Fläche von 93 Quadratkilometern unter strengen Natur- und Landschaftsschutz gestellt. Es geschah am 12. September 1990. Ein würdiger Abschied der DDR — an der Elbe.

26/27

Der Apothekergeselle Johann Friedrich Böttger aus Schleiz hat vor fast drei Jahrhunderten als Edelhäftling von August dem Starken in der Festung Königstein hoch über der Elbe auf der Suche nach Gold das europäische Porzellan entwickelt. Auf der Meißner Albrechtsburg entstand unter seiner Leitung Europas erste Manufaktur.

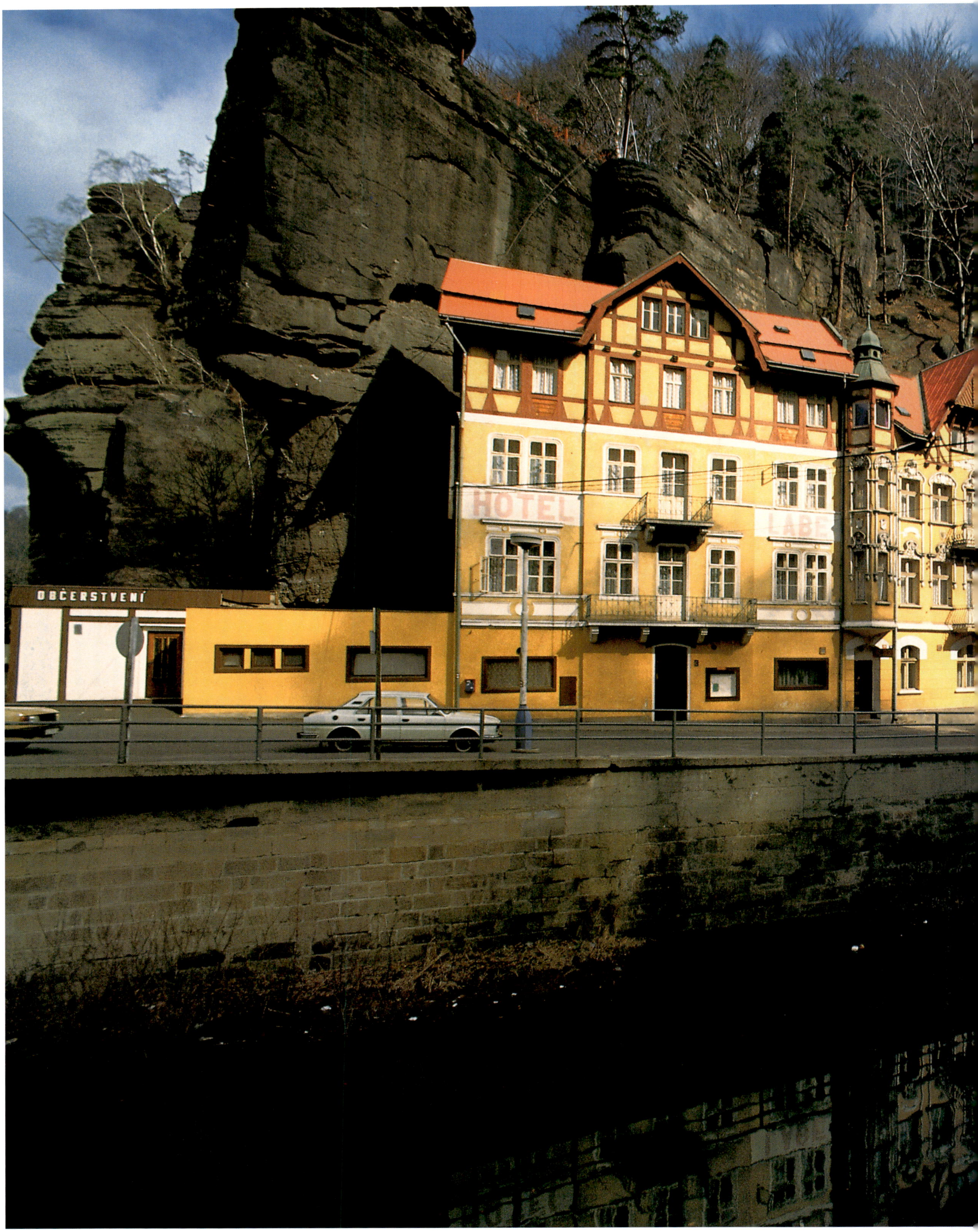
OBČERSTVENÍ
HOTEL
LABE

Die Grenze hat ihren düsteren Charakter verloren. Die Stelle im Elbsandsteingebirge, an der der schon recht breite Fluß seinen Namen wechselt – aus der Labe wird die Elbe –, ist ohne Schwierigkeiten zu passieren. Schmilka in Sachsen und das abgebildete Herrnkretschen (Hrensko) im Tschechischen sind wieder benachbarte Orte.

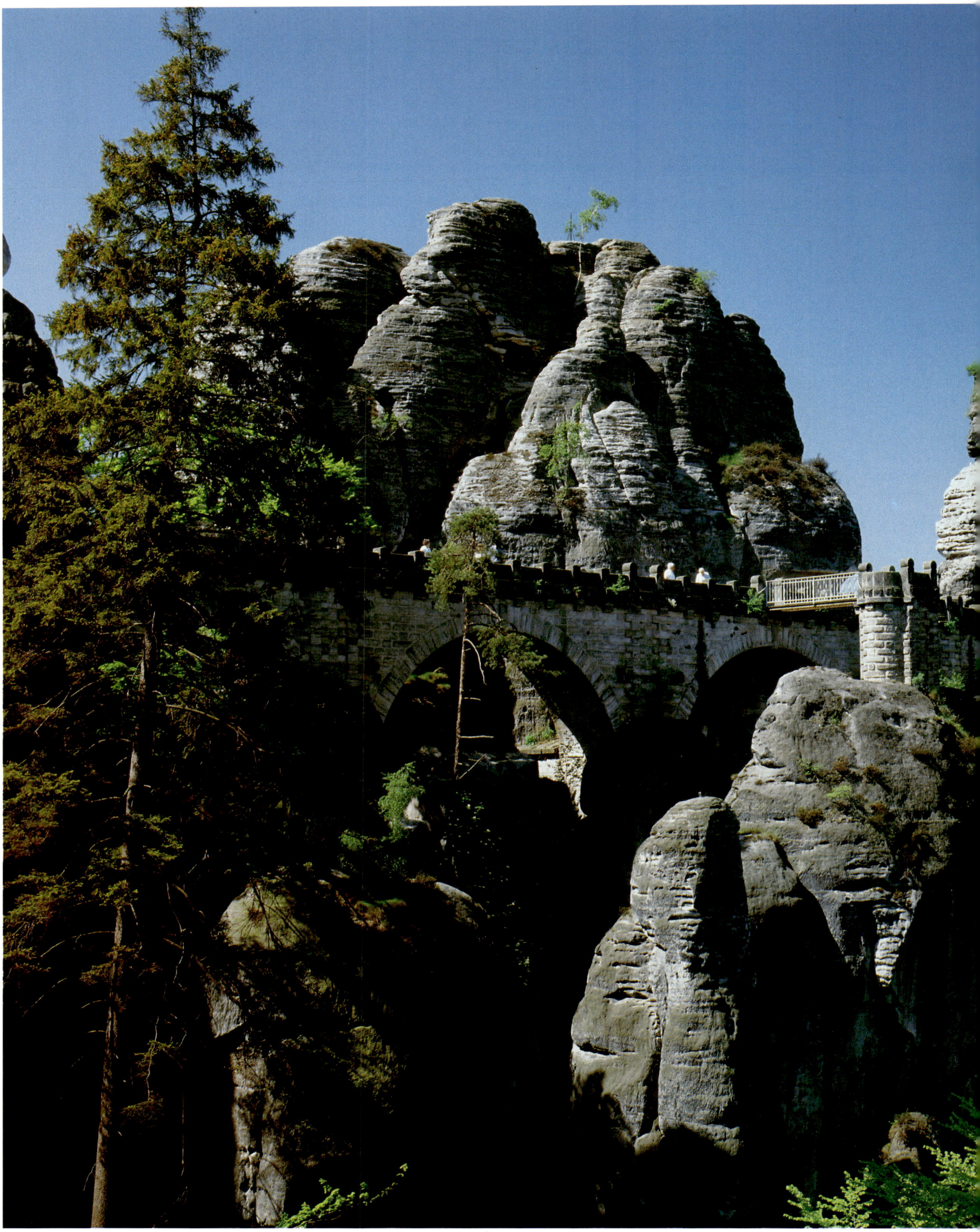

Im Sandstein hatte das Wasser gut graben. Vor mehr als zehn Millionen Jahren modellierte die Elbe mit ihren Nebenarmen phantastische Freiplastiken aus dem Gebirgsstock heraus. Die Sächsische Schweiz lockt viele Besucher an, und es gibt darunter wohl keinen, der nicht auch die Bastei zweihundert Meter über dem Fluß besucht hätte.

Rathen liegt dem Wanderer zu Füßen. Wer durch das Felslabyrinth des Elbsandsteingebirges streift, kann gut verstehen, daß der Volksschriftsteller Karl May für seinen Roman „Die Felsenburg" die bizarre Landschaft an der Elbe ganz einfach in den noch wilden Westen Amerikas verlegt hat.

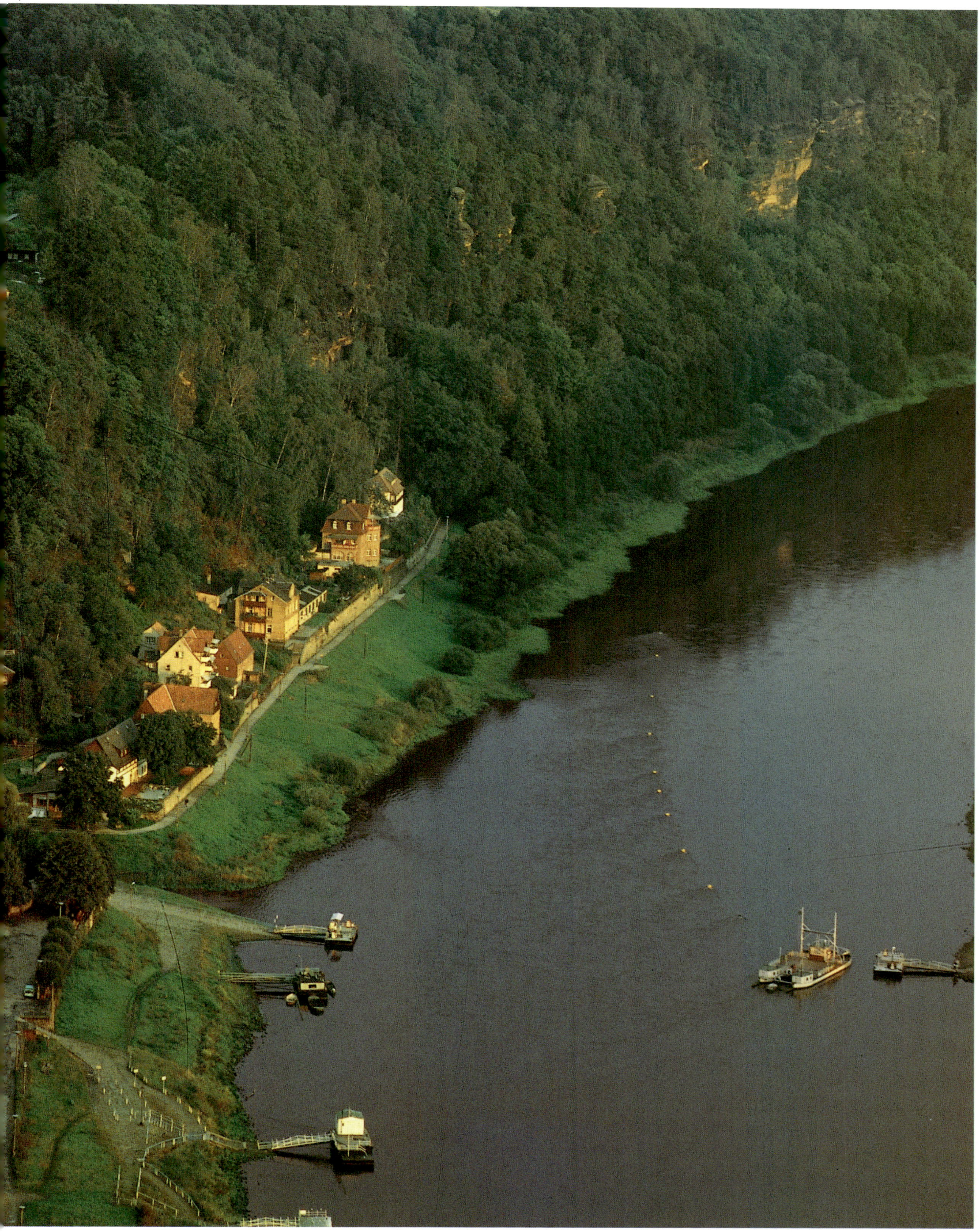

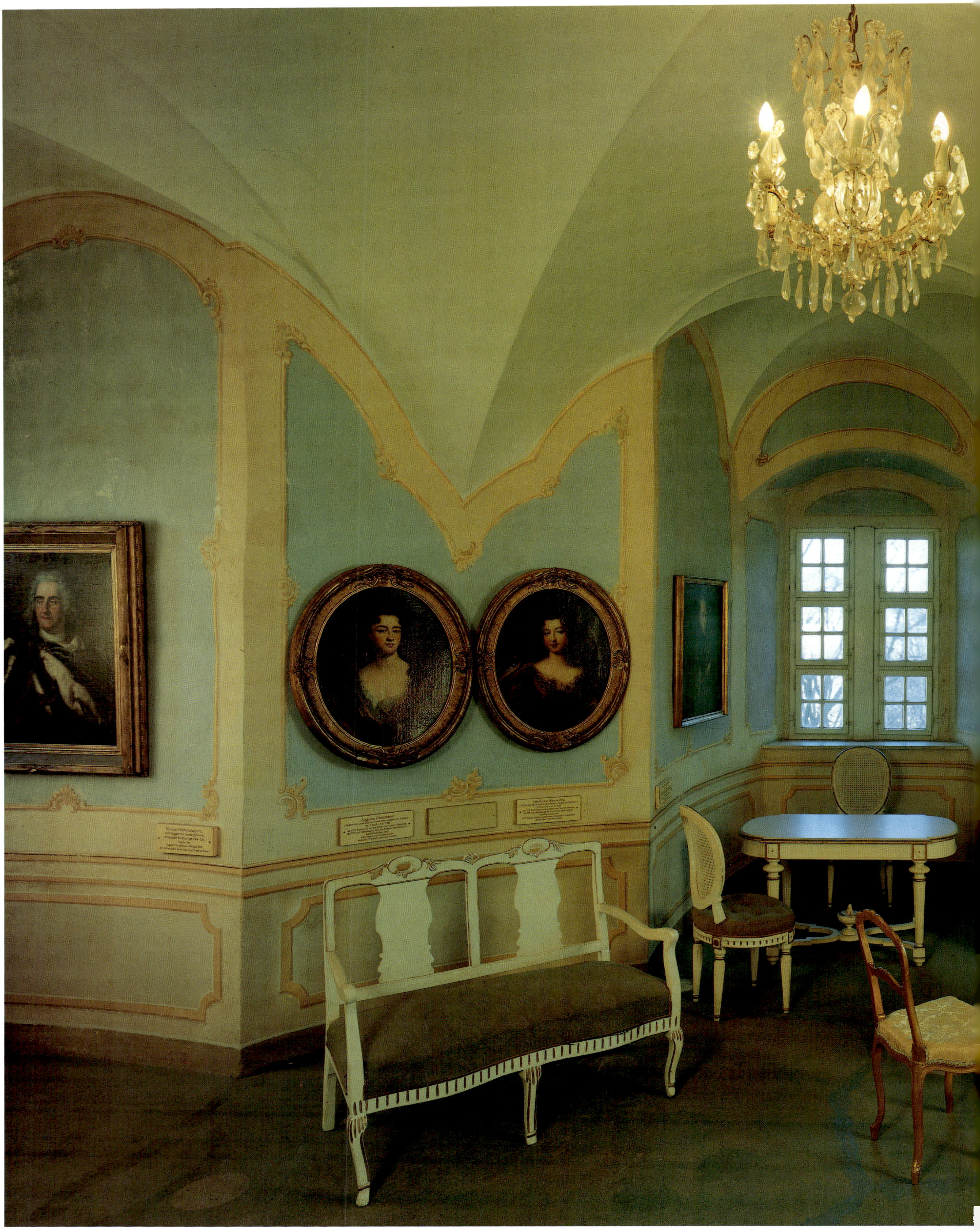

D ie alte Burg Stolpen, östlich von Dresden auf einer Basaltkuppe gelegen, hatte höchst unterschiedliche Funktionen. König August der Starke brachte hier eine seiner vielen und vielgeliebten Damen unter, die Reichsgräfin Anna Constanze von Cosel, die dort von 1716 bis zu ihrem Tod 1765 in Gefangenschaft lebte.

Die Elbe schmückt sich: *Von Pillnitz über Dresden bis zum Bischofsberg*

Der „Proschützer Katzensprung" ist zu empfehlen, ein feiner Wein mit Körper, wie die Kenner hier meinen. Oder noch etwas Selteneres: „Schieler". Eine kleine Spezialität des Elbtales; die Mundart hat ihm zum Namen verholfen – der Wein ist ein Verschnitt der weißen mit der roten Traube und wurde früher gern von den Schülern getrunken. Er schimmert, gegen das Licht gehalten, in elegantem, hellen Rot. Wie Porzellan.

Ein guter Tropfen sollte es nun sein. Denn es beginnt die reizvollste Partie auf der sächsischen Elbe. Und es ist gewiß nicht zu hoch angesetzt, zu behaupten, daß dies eine der schönsten Flußstrecken in Europa überhaupt ist. Gemeint ist das Stück auf Dresden zu und durch Dresden hindurch, etwa bis Meißen, genau die Fahrt also, die vom April bis in den Oktober von den Schiffen der „Weißen Flotte" angeboten wird; auf einem der behäbigen Schaufelraddampfer zu fahren erhöht das Vergnügen. Hier an der Elbe übrigens saß Richard Wagner, als er anfing, den Rhein und die Nibelungen zu besingen. Diese Geschichten von Haß und Zank und Mord – die wollte er doch seiner Elbe nicht antun.

Vom Elbsandsteingebirge her zeigt sich zwölf Kilometer vor Dresden rechts im breiter gewordenen Tal Schloß Pillnitz. Gebäude und Gärten bilden gemeinsam ein bezauberndes Ensemble. Gartenkunst des Barock: Bäume und Beete. In die Landschaft hineingespieltes Rokoko: Wasserpalais vorn und Bergpalais dahinter am Hang. Das müssen heitere Sommer gewesen sein, in denen sich die hohen Familien Sachsens hier versammelten; August der Starke hat sich die Anlage noch von seinem lieben Pöppelmann entwerfen lassen, dem genialen Zwingerbaumeister. Dessen Handschrift ist zu spüren.

Graf Heinrich von Brühl, ein Vertrauter des sächsischen Kurfürsten Friedrich August II., bekam von seinem Souverän für treue Dienste einen Abschnitt der Dresdner Festungsmauer geschenkt. Der Graf ließ das Militärgelände mit sicherem Geschmack zu einem vielgeliebten Lustgarten umwandeln. Hier der Blick von der Brühlschen Terrasse in Richtung Dresdner Neustadt, dargestellt auf einem Gemälde von F. W. Leuteritz aus dem Jahre 1865.

Zwei Besonderheiten. Gegenüber dem Wasserpalais, auch von der Anlegestelle der Weißen Flotte zu sehen, liegt ruhig und wie aus der Zeit herausgehoben eine große, naturgeschützte Elbinsel, die letzte hier im Fluß; um die noch immer reiche Tier- und Pflanzenwelt zu bewahren, darf sie nicht betreten werden. Und dann, gleich hinter Pillnitz, das Kirchlein Maria am Wasser in ländlichem Barock; weil es etwas erhöht liegt, sieht es vom Schiff so aus, als sei es auf einer Warft errichtet. Nur daß es auf den Halligen oben im Norden keine Maria-am-Wasser-Kirchlein gibt. Aus solchen Gedanken führt einen der wuchtige Fernsehturm von Wachwitz in die Gegenwart zurück.

Da kommt auch schon die Loschwitzer Brücke, das „Blaue Wunder" zwischen den Außenbezirken Blasewitz und Loschwitz. Als sie vor hundert Jahren (1891–1893) gebaut wurde, fand sie mit ihrem kühnen, frei hängenden Stahl in 140 Metern Länge internationale Anerkennung; aber ihren Namen bekam sie, weil sie so schön blau angestrichen war – damals. Mutige Männer haben 1945 dafür gesorgt, daß sie nicht gesprengt wurde.

Schloß Eckberg, das Lingner-Schloß dann, erworben und erweitert von dem steinreichen Odol-Erfinder Karl-August Lingner, früher als Villa Stockhausen bekannt, und schließlich Schloß Albrechtsberg, alles spätklassizistisch oder neugotisch – sie sind in den Elbhängen allemal einen Blick wert. Die Villen oben auf dem grünumbuschten „Weißen Hirsch" zeigen, daß man auch nach August dem Starken schöne Wohnlagen schätzte.

Wer in die Schillerstraße wandert, kommt am ehrwürdigen Schillerhaus vorbei (Nr. 19); hier, im ehemaligen Gartenhaus der Familie Körner, schrieb Schiller u. a. am „Don Carlos"; hier weitete sich der von ihm ursprünglich als eher private fürstliche Familientragödie geplante Stoff zur großen historischen Tragödie mit weltgeschichtlichen Perspektiven. Ob der weite Blick über das Elbtal daran mitgewirkt hat?

Eine Dresdner Berühmtheit ist auch die Gartenstadt Hellerau, wo auf der Hochfläche einst die Moderne ihren architektonischen Spiel-Platz hatte.

Umsteigen an der Anlegestelle Dresden-Altstadt, unterhalb der Brühlschen Terrasse. Und Zeit wieder für ein paar schöne Ein- und Ausblicke. Über Dresden könnte hier nun bis auf die Seite 565 berichtet und geschwärmt werden. Über die Geschichte der Stadt mit vielen Geschichten aus der Stadt. Über die Musik in Dresden und über die Malerei. Über die Dichter, über Rilke („Der Frühling hat Dresden am liebsten") und über Gerhart Hauptmanns bittere Worte, als der 82jährige im Sanatorium Weidner in Oberloschwitz am 13. Februar 1945 die grauenvolle Bombennacht erleben mußte und seine Totenklage sprach („Wer das Weinen verlernt hat, der lernt es wieder beim Untergang Dresdens. Dieser heitere Morgenstern der Jugend hat bisher der Welt geleuchtet...").

Doch es geht um die Elbe. Und so soll hier vor allem vorgezeigt werden, wie sich Dresden von der Elbe her darstellt, von dem Fluß, der sich wie ein großes, silbernes S zwischen Altstadt und Neustadt schwingt: Salute.

Graf Heinrich von Brühl bekam vor zweihundertfünfzig Jahren ein ungewöhnliches Geschenk. Der Graf, oberster Herr der sächsischen Kunstsammlungen, war ein Vertrauter Friedrich Augusts II., des Sohnes von August dem Starken. Seinem geschätzten Feingeist schenkte dieser ein prachtvoll gelegenes Stück der Festungsmauer. Der Kurfürst wußte wohl, was er tat. Der Graf ließ das Militärgelände an der Elbe mit sicherem Geschmack zu einem Lustgarten umwandeln. Auch er wußte, was er damit tat. Er setzte sich ein Denkmal. Die Terrasse namens Brühl ist weltbekannt.

Weltberühmt in der Tat ist auch der Blick vom Schiff auf das städtebauliche Ensemble neben und hinter der Terrasse, oft von einer milden Sonne bestrahlt, oft sanft verschleiert vom Dunst über dem Wasser. Die Semperoper im Hintergrund ist bildbestimmend, ein stolzes Meisterstück des 19. Jahrhunderts, nach den Vorstellungen Gottfried Sempers 1878 vollendet, in jenem furchtbaren Februar 1945 zerstört, nach einem sehr um die vertraute und geliebte Form bemühten Wiederaufbau genau vier Jahrzehnte später, am 13. Februar 1985, mit Webers „Freischütz" wiedereröffnet – eine der internationalen Attraktionen der Stadt.

Der große schlesische Dramatiker Gerhart Hauptmann schloß auf Hohenhaus 1885 die Ehe mit Marie Thienemann. Es war eine Tripelhochzeit: Drei Brüder heirateten drei Schwestern.

Davor, vom Schiff aus links im Bild, die Hofkirche, heute Kathedrale des Bistums Dresden, eines der letzten Beispiele römischen Barocks in Europa (Gaëtano Chiaveri, 1755); die größte Kirche Sachsens ist prächtig restauriert und allein schon wegen ihrer im heiteren Rokoko schwingenden Kanzel von Balthasar Permoser den Besuch wert.

Die Ruine der Frauenkirche am Neumarkt, gleich hinter den Terrassen liegend, gehört ins Ensemble; über vier Jahrzehnte lag sie als offene Wunde da, am 18. März 1991 allerdings wurde von der sächsischen Synode ihr Wiederaufbau beschlossen. Sie war mit ihrer 95 Meter hohen Quadersteinkuppel einst so etwas wie der Petersdom der protestantischen Christen, 1726–1743 von Georg Bähr errichtet. Ihre Silbermann-Orgel war eine Kostbarkeit für sich.

Die Frauenkirche stand für Dresden wie das Brandenburger Tor für Berlin, der Eiffelturm für Paris, die Towerbridge für London. Es wird viele Jahre dauern und viele Millionen kosten, bis hier wieder Gottesdienst gehalten werden kann. In der Synode sagte nach heftigen Diskussionen der Dresdner Pfarrer Karl-Heinz Baier in flammender Rede den Satz, der den Ausschlag gegeben hat. Da sich darin der gute Geist und die Kraft Dresdens manifestieren, sei er hier dokumentiert: „Ein Wiederaufbau wäre ein deutlich sichtbares Zeichen für unsere Bürger und unsere Stadt, daß wir Mut nach vorn beweisen und uns für unsere Zukunft engagieren." Eine mehr als nur symbolische Grundlage dafür ist, daß sechzig Prozent der originalen Steine, oft riesige Sandsteinquader, vorhanden sind und sich an ihren alten Stellen wieder verwenden lassen.

Dresden hat eine Geschichte, und es hat eine Zukunft. Denn es wird von Millionen geliebt.

Elbabwärts. Weiter. Das schön gelegene Radebeul schließt sich im Nordwesten an, und selbstverständlich ist das Karl-May-Museum sehenswert. Höchst empfehlenswert ist der kleine Abstecher zum Schloß Moritzburg, sieben Kilometer von der Elbe entfernt auf einer Granitkuppe des Friedewaldes gelegen. Es erstrahlt in hellem Ocker und Weiß, in den fröhlichen Farben des sächsischen Barock. Die Dächer und Kuppeln sind rot, das Wasser des großen Schloßteichs ist blau, die Rabatten im Park sind grün und das Leben ist schön.

Das fröhliche Hohenhaus – es liegt vor Meißen auf einer Anhöhe an der Elbe, ein herrschaftlicher Landsitz, der einst das „Hohe Haus" der Bischöfe von Meißen war. Bischofsberg heißt der grüne Hügel seither. Er ist auf reizvolle Weise ein Stückchen Literaturgeschichte geworden.

Drei Brüder haben auf Hohenhaus drei Schwestern geheiratet. Das ist nicht von der Marlitt herzig erfunden worden; es ist Anno 1885 passiert. Die Jungmannen hießen Georg, Carl und Gerhart Hauptmann, die Jungfrauen waren Adele, Martha und Marie, Töchter des sächsischen Bankiers und Weinbergsbesitzers Berthold Thienemann und seiner Gattin Rosa. Der reiche Kaufmann hatte Hohenhaus nicht zuletzt wegen der Kellergewölbe hinter den meterdicken, aus dem Mittelalter stammenden Grundmauern erworben.

Es muß ein buntes, munteres Fest gewesen sein, ein heiterer Sommernachtstraum, mit Irrungen und Wirrungen auch. Nachzulesen und nachzuempfinden ist das alles in dem Lustspiel „Die Jungfern vom Bischofsberg" und in der Novelle „Hochzeit auf Buchenhorst", beide aus der Feder von Gerhart Hauptmann.

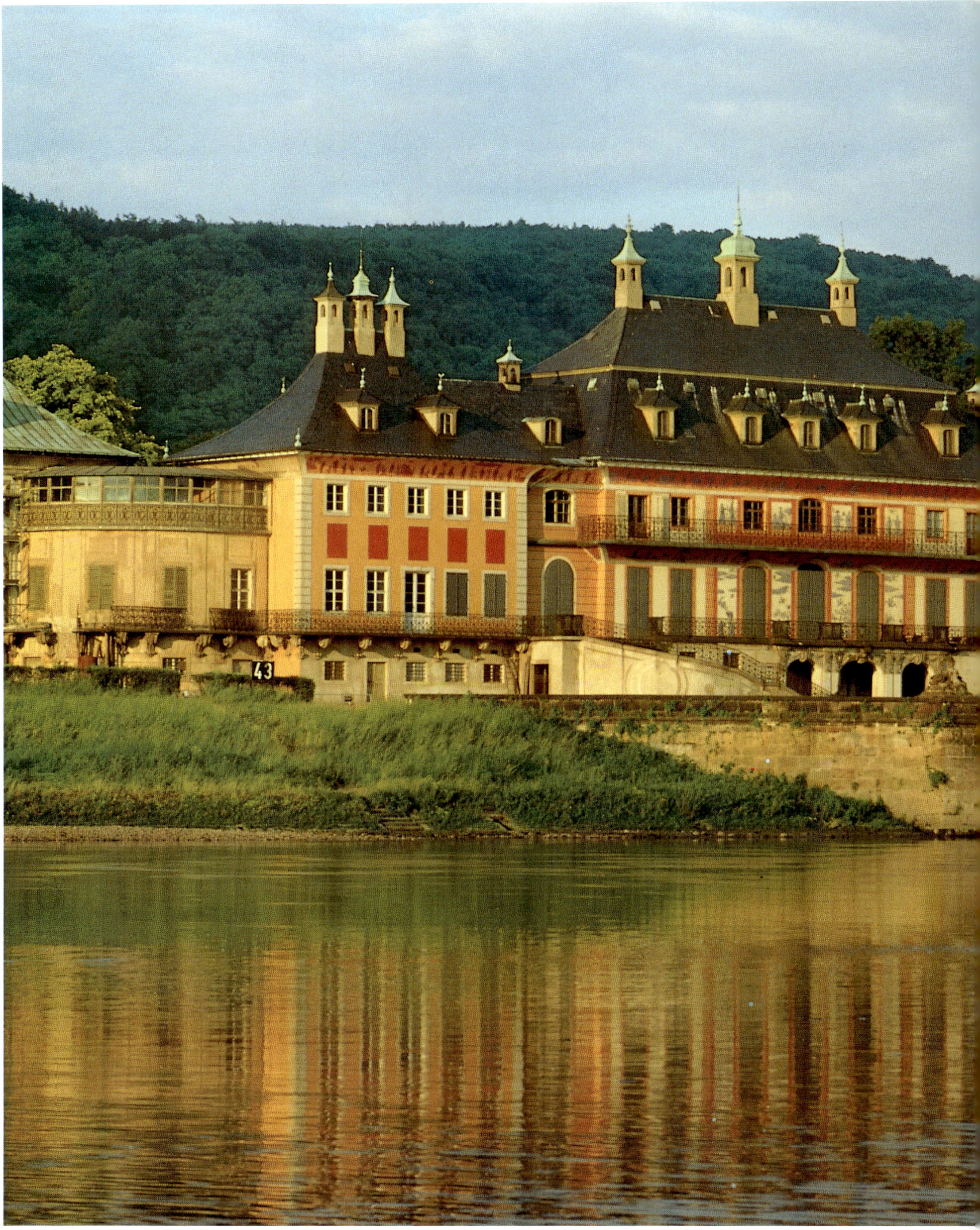
43

Im breiter gewordenen Tal der Elbe zeigt sich zwölf Kilometer vor Dresden Schloß Pillnitz. Gebäude und Gärten erinnern an die heiteren Zeiten des Barock. August der Starke versammelte hier die hohen Familien seines sächsischen Reichs zu Sommerfesten und fürstlichen Vergnügungen. Sein Baumeister Pöppelmann, von dem der Dresdner Zwinger stammt, hat auch Pillnitz entworfen. Seine Handschrift ist zu spüren.

Das „Blaue Wunder", die vor hundert Jahren errichtete Brücke zwischen den Dresdner Bezirken Blasewitz und Loschwitz, hat die Kriege überstanden. Das stählerne technische Denkmal findet auch heute seine Bewunderer, und blau angestrichen ist die stolze Brücke nun auch wieder.

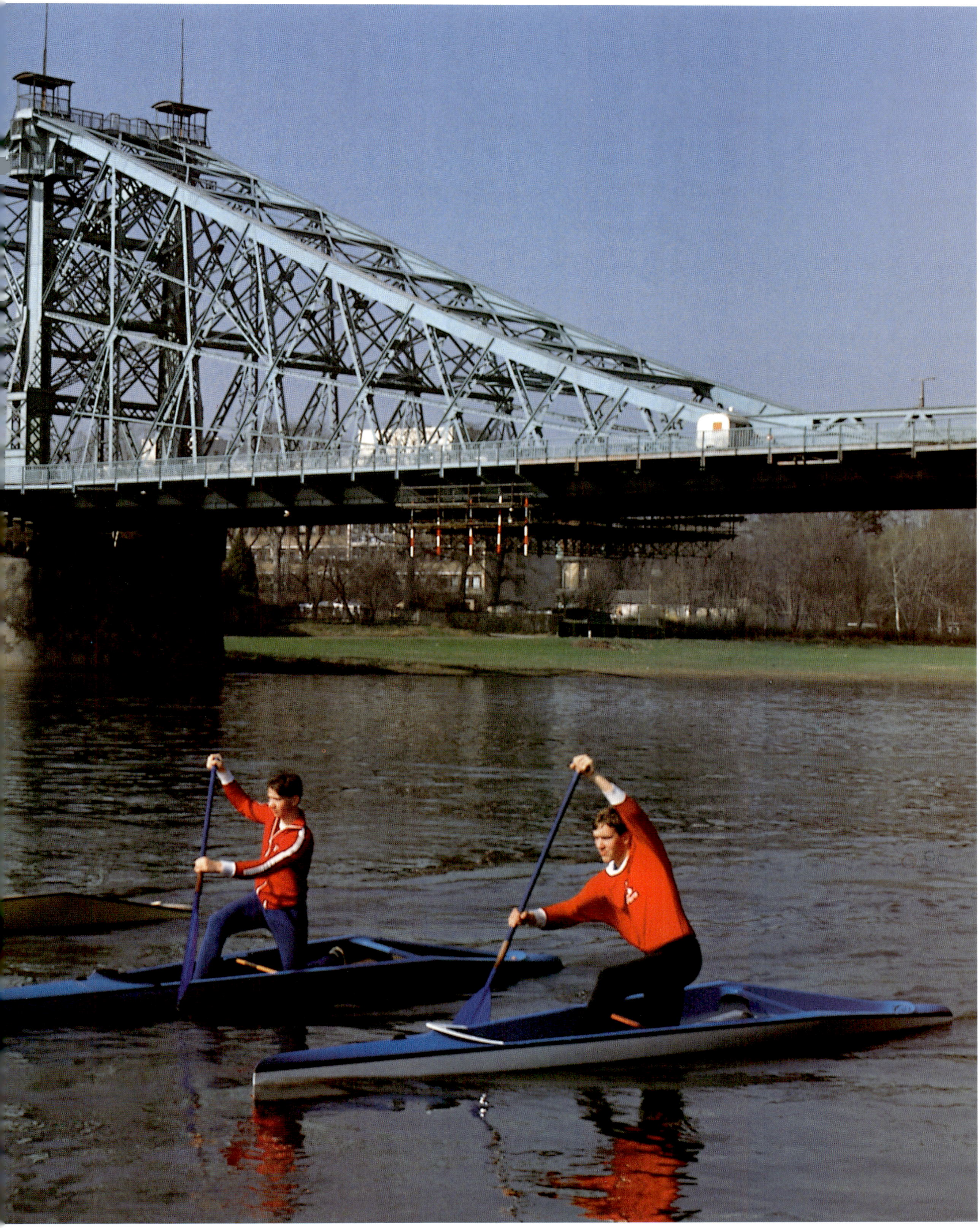

Der Name „Elbflorenz" für Dresden hat seine schöne Berechtigung. Es ist immer wieder ein fröhlich stimmendes Erlebnis, die Stadt per Schiff zu erleben. Etwas Besonderes ist eine Fahrt auf der „Diesbar" (Ort bei Meißen), dem ältesten noch funktionierenden Schaufelraddampfer auf der Elbe. Das reizvolle Museumsschiff ist hier gegenüber dem Amtssitz des sächsischen Ministerpräsidenten vor Anker gegangen.

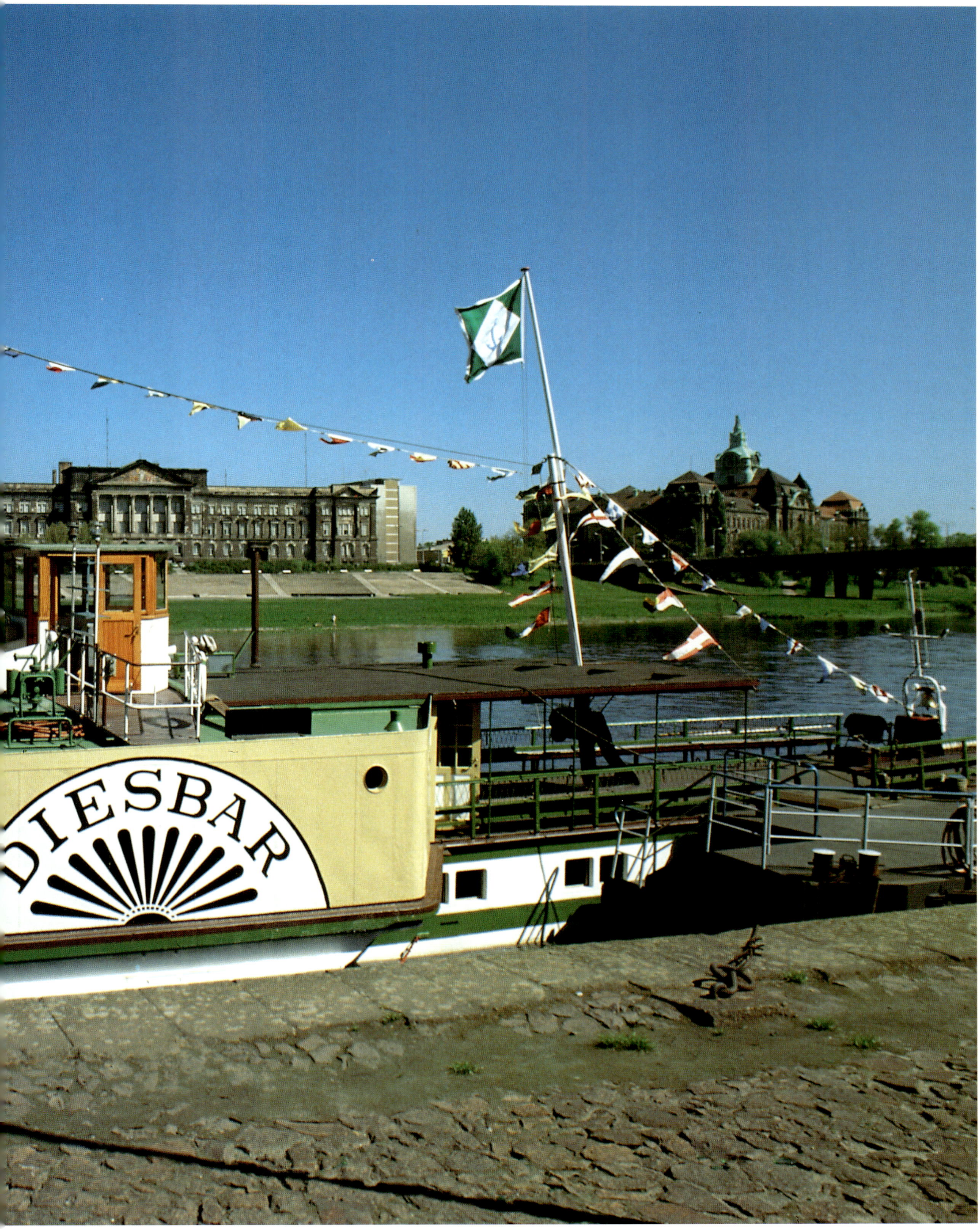
DIESBAR

Ein Meisterwerk höfischen Barocks ist der Zwinger, das berühmteste Baudenkmal Dresdens. Gestaltungslust und Klarheit des Entwurfs vereinen sich dabei glücklich. Besonders stimmungsvoll ist das Bauensemble, wenn der Tag vergeht und die Sonne ihre letzten Strahlen auf die Langgalerie wirft.

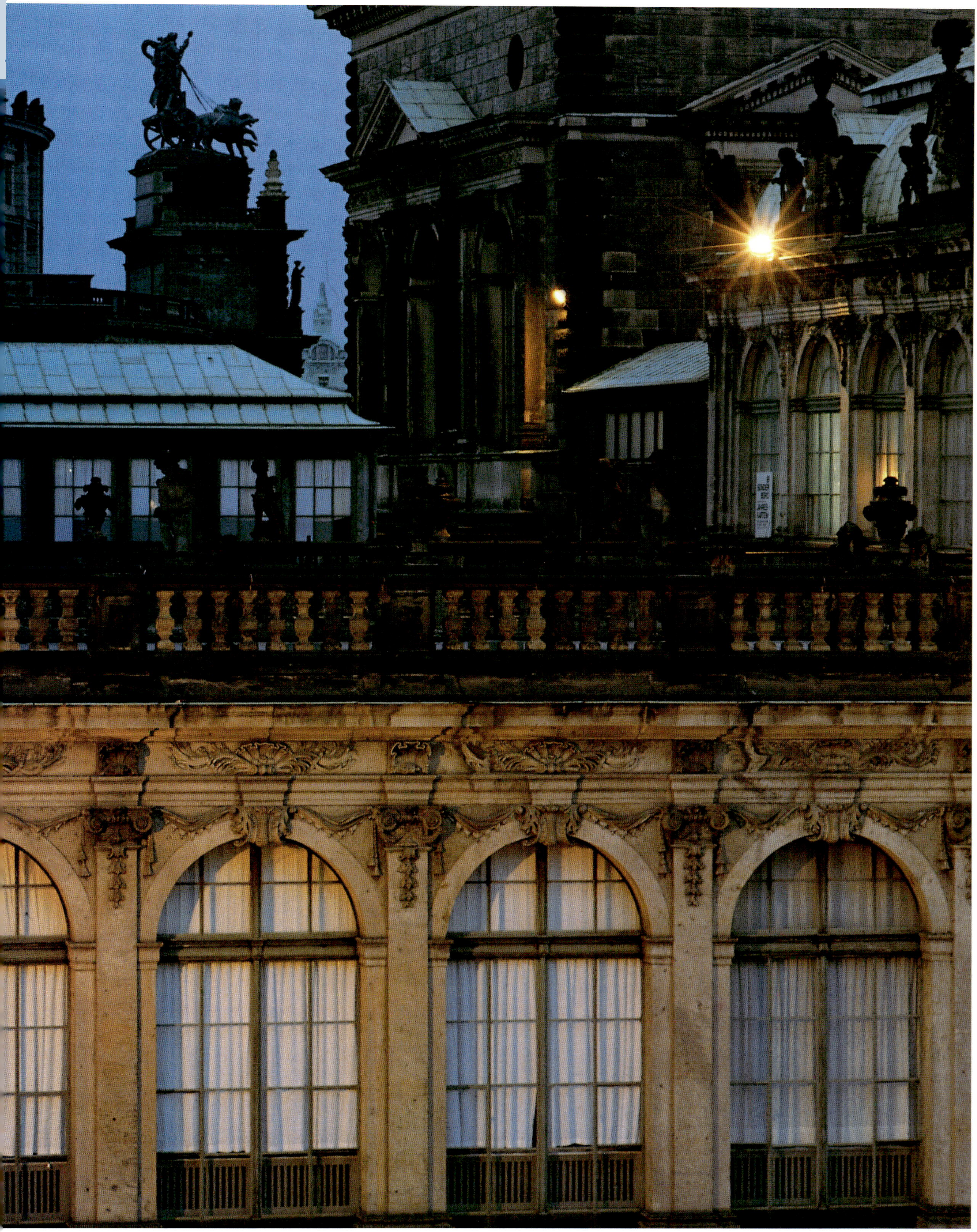

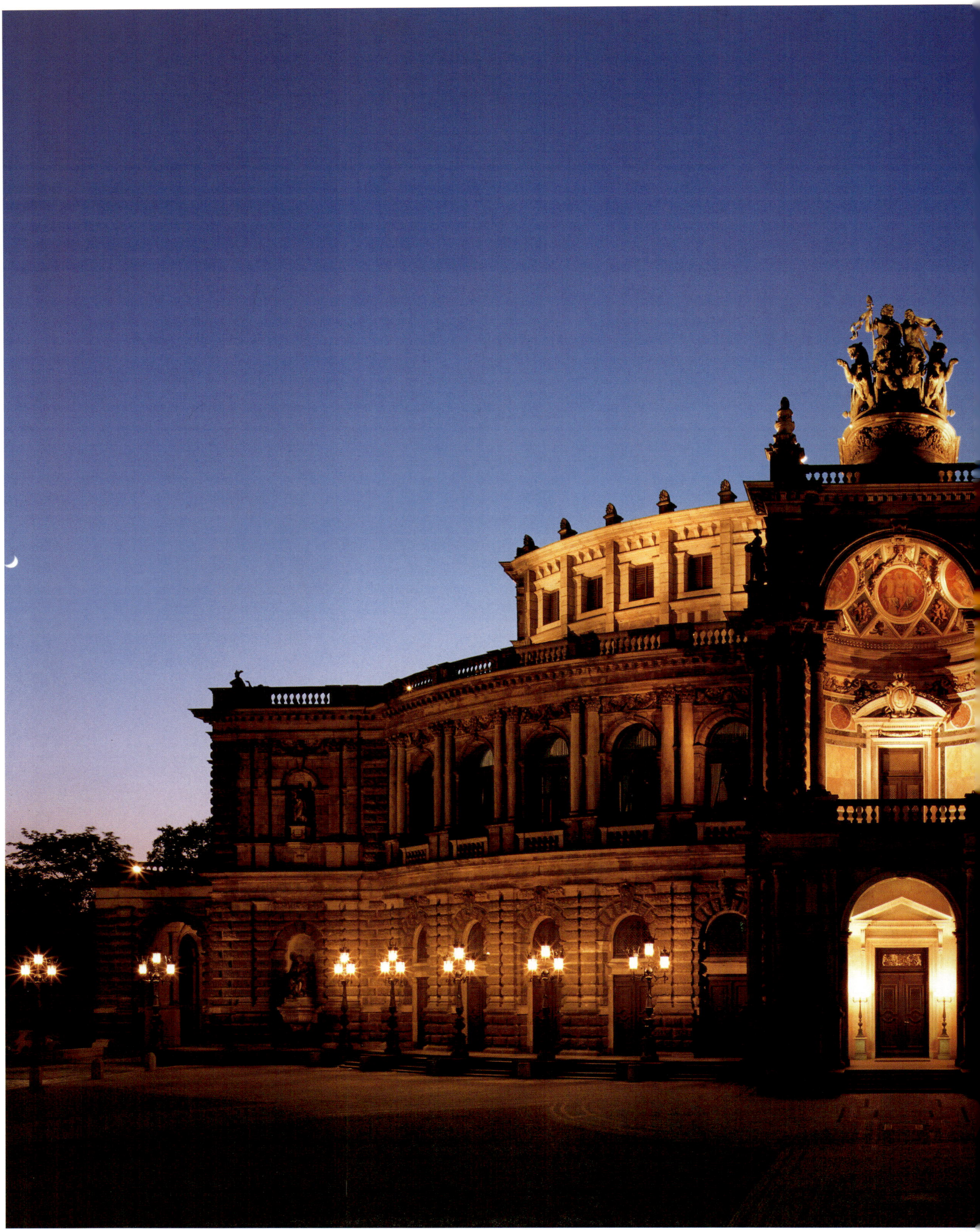

Die Semperoper beherrscht den weiten Theaterplatz von Dresden, ganz gewiß einen der schönsten deutschen Plätze. Der Arkadenbau wird durch die Exedra mit der bronzenen Quadriga von Johannes Schilling betont. Die weltberühmte Oper ist nach ihrem langen, exakten Wiederaufbau am 13. Februar 1985 mit dem „Freischütz" wiedereröffnet worden, genau vier Jahrzehnte nach der grauenvollen Bombennacht kurz vor Ende des Zweiten Weltkriegs.

Dresden, die vielbewunderte Kunst- und Barockstadt, hat sich unter großen Schwierigkeiten nach den Zerstörungen des infernalischen Bombardements aus den Trümmern erhoben. Viele der berühmten Bauten zieren schon heute wieder das Stadtbild oder sind im Wiederaufbau.

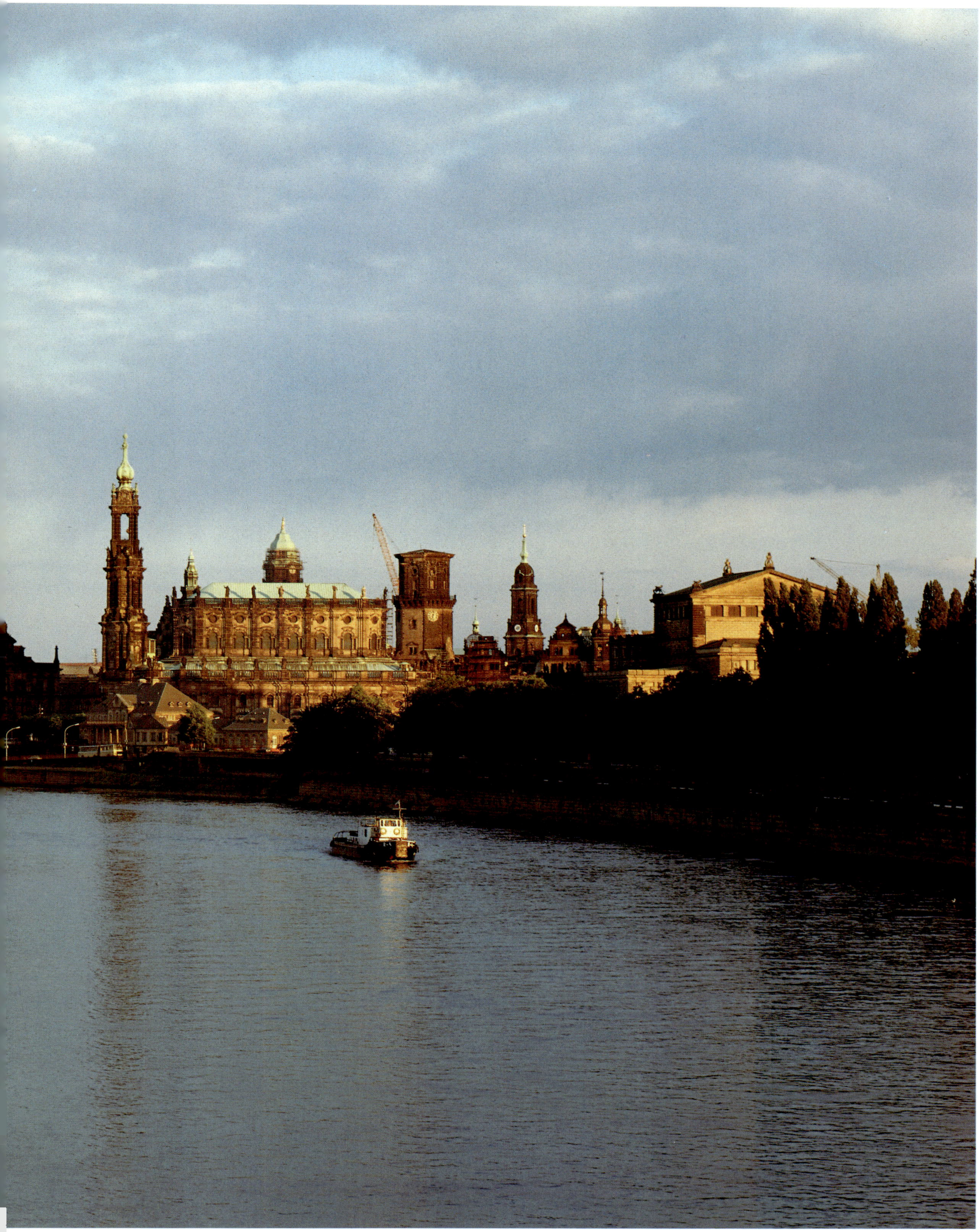

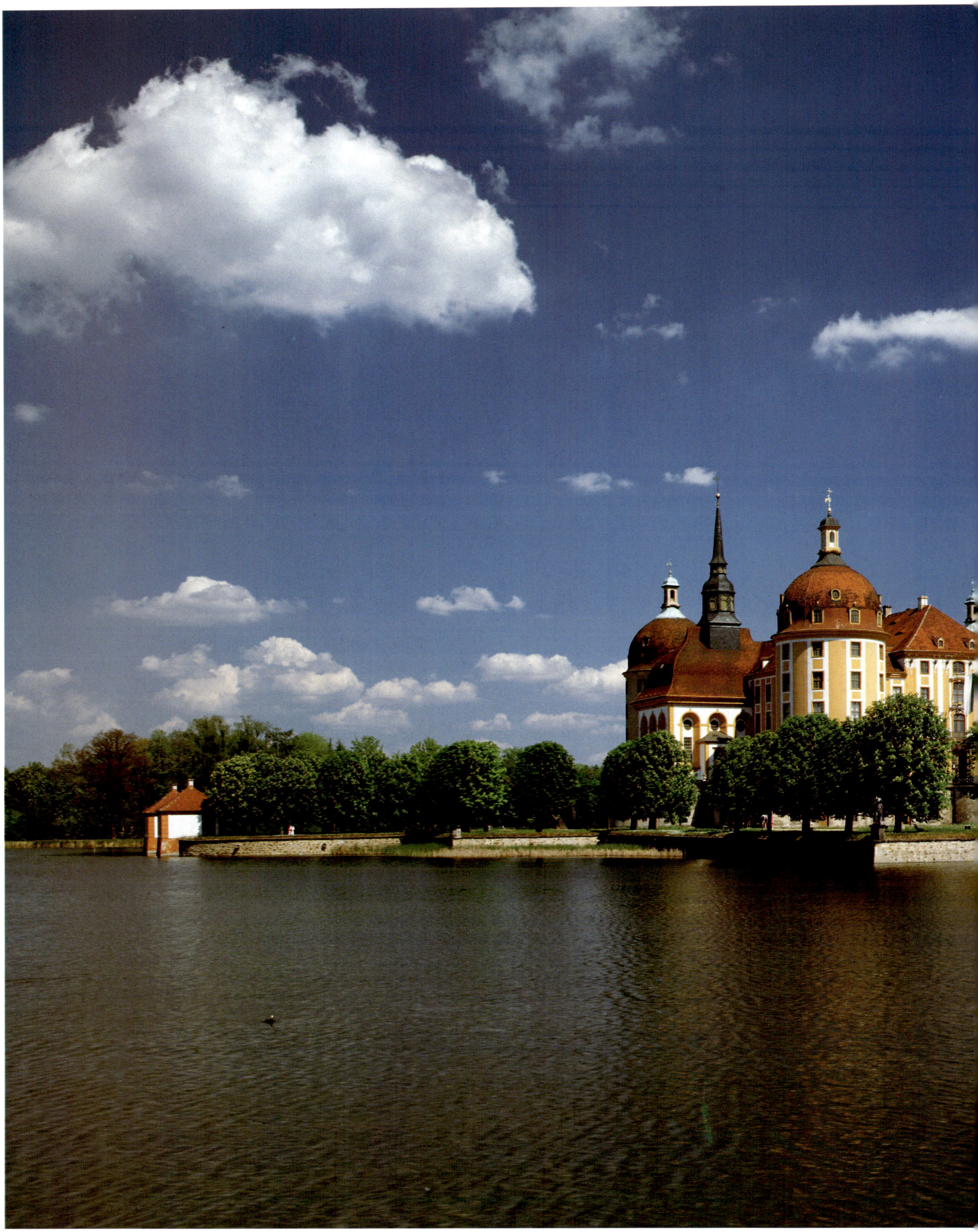

Die Moritzburg war einst kurfürstliches Jagdschloß. Der nordwestlich von Dresden gelegene schöne Prachtbau in den Niederungen des Friedewaldes erstrahlt vor dem Blau des Wassers wieder in den fröhlichen Farben des sächsischen Barock – mit dem Rot der Dächer und Kuppeln, dem hellen Ocker und dem Weiß des Mauerwerks.

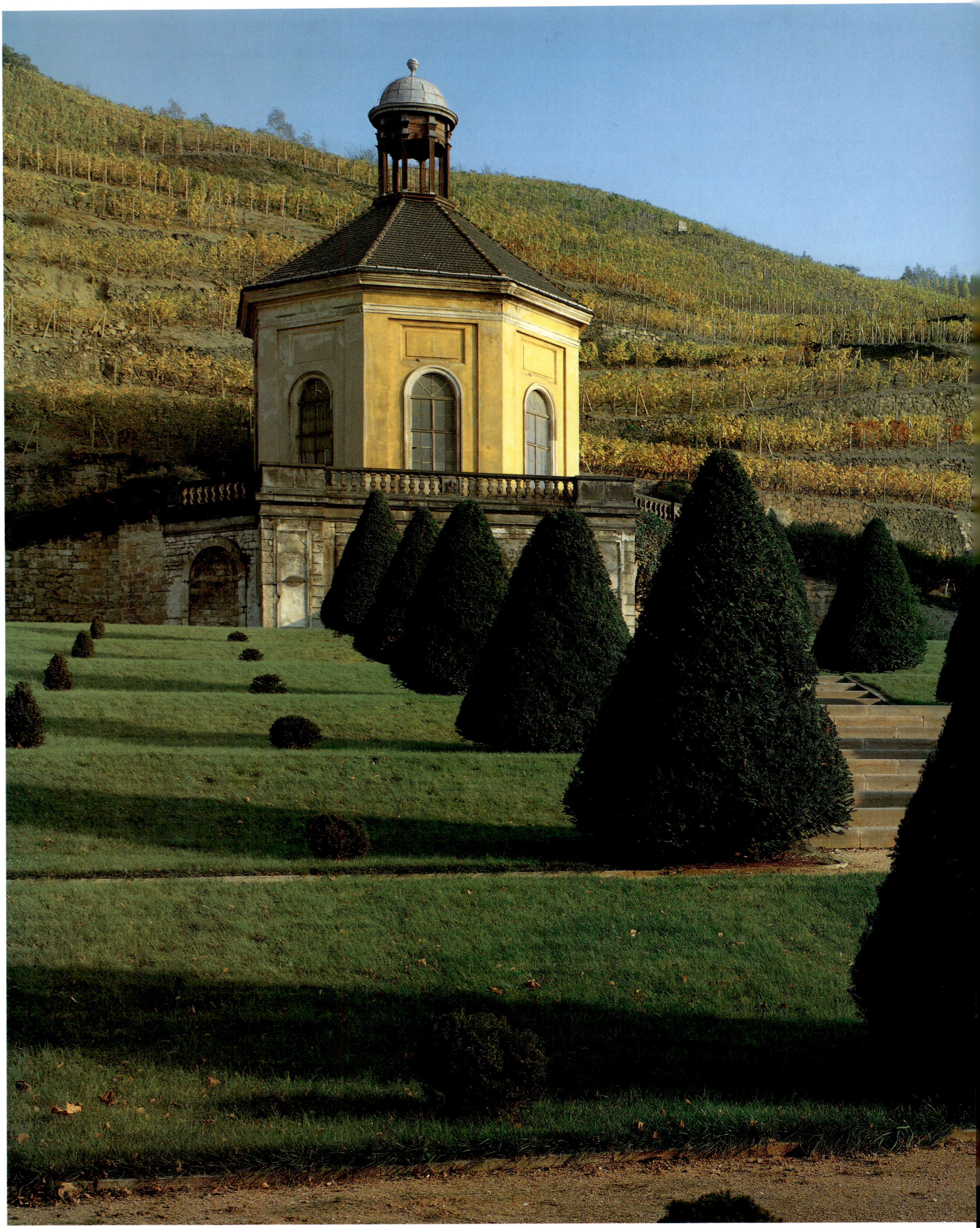

In dem unweit von Dresden gelegenen Radebeul steht das 1728/29 gebaute Barockschloß Wackerbarths Ruh. Umgeben von Weinbergen liegt das reizvolle Bellevedere, das über eine große Freitreppe zu erreichen ist.

Die Elbe läßt sich Zeit: *Von Meißen bis zum Wörlitzer Park*

Wer in Meißen ankommt, wenn es Abend wird und die Sonne hinter der Albrechtsburg versinkt, bekommt nun ein Städtebild von hoher Schönheit vors Auge. Der Dom links neben der hochstrebenden Burg, das einstige Bischofsschloß über der Stadt, die Linie der Dächer und Erker, der Türme und Türmchen, der Gauben und Giebel – da ist das Wort einmalig schon wieder erforderlich. Der Anblick ist majestätisch.

Um Meißen zu würdigen, braucht man nur die deutsche Literaturgeschichte aufzuschlagen. Friedrich von Hardenberg, der sich Novalis nannte, war dem Ort ebenso herzlich zugetan wie Friedrich de la Motte Fouqué, Goethe so wie Schiller, Lessing so wie Otto Ludwig. In solcher Umgebung darf man begeistert sein, wenn auch nicht gleich so üppig wie Johann Sebastian Bach, der 1734 in einer Geburtstagskomposition für seinen König (Kantate 206) die Elbe so besungen hat:

„Schleicht, spielende Wellen, und murmelt gelinde!
Nein, rauschet geschwinde,
Daß Ufer und Klippe zum öftern erklingt!
Die Freude, die unsere Fluten erreget,
Die jegliche Welle zum Rauschen beweget,
Durchreißet die Dämme,
Worein sie Verwunderung und Schüchternheit zwingt."

Er hat sich wohlgefühlt in seinem Land, an seinem Fluß. Meißen heute ist insgesamt ein wieder waches, begehbares Museum, mittelalterlich in der Siedlung unterhalb der Burg, gotisch in seinen sakralen Bauten, mit Zeugnissen der Renaissance, der Reformation, des Klassizismus, der Romantik. Der letzte Krieg hat Meißen verschont. Doch die Bausubstanz muß dringend saniert werden.

Baugerüste im Burghof und in den engen Straßen der Innenstadt gehören zum Alltag; das Land Baden-Württemberg gibt Hilfestellung. Die ist sichtbar. Die einstige Fürstenschule St. Afra zeigt sich zu großen Teilen bereits in neuem Glanz.

Zu Ruf und Reichtum der Stadt tragen wie eh und je die gekreuzten blauen Schwerter bei. Heute deuten sie über dem Tor der Porzellanmanufaktur unten bei der Mündung der kleinen Triebisch in die große Elbe an, daß hier noch immer Gold gefunden wird. Weißes Gold, Porzellan. Der Apothekergeselle Johann Friedrich Böttger aus Schleiz hat es vor fast drei Jahrhunderten entdeckt, als er goldenes Gold herzustellen versuchte. Auf der Albrechtsburg oben entstand im alten Kornhaus Europas erste Manufaktur; darüber ist im vorhergehenden Kapitel schon berichtet worden.

„Porzellan ist Sachsens Aderlaß", stöhnte Graf von Tschirnhaus 1710. Da hat sich der Minister des Königs aber geirrt. Fünfmal täglich läßt das Glockenspiel aus Porzellan von der Frauenkirche die tönende Freude über den Schatz erklingen.

Die Manufaktur ist seit 1991 Eigentum des Freistaates Sachsen und konnte 1997 ihren 275. Geburtstag feiern. Am 8. November 1722 schlug Manufakturinspektor Johann Melchior Steinbrück vor, das Schwerterpaar aus dem Kursächsischen Wappen zur Markierung des Meißner Porzellans zu nutzen, um es gegenüber der Konkurrenz kenntlich zu machen. Die blauen Schwerter unter der Glasur sind damit eines der weltweit ältesten ohne Unterbrechung verwendeten Markenzeichen. Mit einer kostbaren Serie von goldgeränderten Freundschaftsbechern, auf deren strahlend weißem Porzellan die schönsten Meißner Blumen blühen, begeht die Manufaktur das Jubiläum.

Man hört die Glocken auch in der historischen Weinstube von Vinzenz Richter unten am Burgberg, wo diese Etappe der Elbreise bei einem Schoppen ausklingt. „Meißner Dompropstberg 89".

Fröhlich und beschwingt ist der Auftakt des neuen Abschnitts. Die Elbe ist breiter geworden, behäbiger auch, irgendwie mütterlicher. Wenn Lastkähne, beladen bis zur letzten Leiste, flußabwärts getragen werden, sieht es so aus, als nehme sie der Strom leise in den Arm.

Der nächste Ort, zwanzig Kilometer unterhalb von Meißen, hat nun überhaupt nichts Poetisches an sich: Riesa. Hier wurde nicht gemalt, nicht gereimt, nicht komponiert. In Riesa wird gearbeitet, in den Stahl- und Walzwerken, in der Chemieindustrie und in Spinnereien. Ein paar Angler sind zu bewundern, die unten bei den Brücken ihr Glück versuchen. Daß es in dem Wasser überhaupt noch Fische gibt! Und ob sie die wirklich essen?

Gerade weil Riesa kaum Verlockendes hat, bitten wir zu einem kleinen Rundgang. Er lohnt sich aus ganz anderen als den üblichen Besichtigungsgründen. Riesa ist mit seinen fünfzigtausend Einwohnern geradezu beispielhaft für die Ex-DDR. Wenn es das gäbe, eine Stadt als Geschichtsmuseum – es könnte Riesa heißen.

Industriestadt seit Jahrzehnten. Eine Stadt in Grau. Graue Häuser, graue Straßen. Grau und alt, alt und grau. An manchen Häusern sind verwitterte Geschäftshinweise in der Schnörkelschrift des vergangenen Jahrhunderts zu sehen – „Kolonialwaren". Ältliche Wohnhäuser zeigen mit Säulchen und Simsen noch etwas von den Träumen der Jahrhundertwende.

Der (einst) real existierende Sozialismus hat der Stadt viel von ihrer Freude ausgetrieben. Es riecht nach Chemie, etwas süßlich, pelzig. Die Stadt wirkt erschöpft. Städten wie Riesa sollte zuerst geholfen werden. Gerade in solchen Städten aber ist das schwer. Hier wird wohl noch einige Zeit DDR zu besichtigen sein.

Bei Riesa beginnt das Norddeutsche Tiefland. Das kommt, möchte man meinen, erschwerend hinzu. Statt der Felswände gibt es Hochöfen, statt der alten Baumgruppen Schornsteine und Masten. Die Romantik hat sich verflüchtigt.

Aber es gibt die Elbwiesen. Der Fluß nimmt sich Zeit zu großen, sanften Windungen, und wenn er Hochwasser führt, sind weite Flächen davon bedeckt. Hans Graf von Lehndorff berichtet in seinen Jugenderinnerungen an der Elbe von einer seltsamen Erscheinung:

„Die vom Wasser bedrohten Mäuse schlossen sich manchmal zu Tausenden zusammen und schwammen, eng aneinandergedrängt, auf das Ufer zu. Es sah dann so aus, als wenn eine graue Decke angetrieben würde, und man traute seinen Augen nicht, wenn diese Decke über den Damm weiterrollte und auf der trockenen Seite in den Büschen verschwand."

Überraschend ist die Begegnung mit dem versteckt liegenden Schloß Strehla, kaum acht Kilometer hinter Riesa. Dorfstraßen, Stille, ländliche Behäbigkeit: Strehla ist wie so viele Dörfer in der Ebene. Man fährt durch. Doch da sieht man hinter Bäumen am Fluß das Schloß, eine schöne, alte, würdige Anlage, die etwas Stolzes an sich hat. Und man entdeckt, daß fleißige Hände bemüht sind, die Gemäuer wieder herauszuputzen. Schloß Strehla war einst eine slawische Festung, schon 1002 wird es erwähnt; der Rittersaal ist 1335 eingerichtet worden. Ein runder Treppenturm, eine feingeschwungene Durchfahrt, im Schloßhof wird verputzt. Ein Heimatmuseum entsteht – und ein Besuch lohnt sich schon jetzt. Strehla.

Dahlener und Dübener Heide heißen die Ebenen am Fluß, die sich um die nächste Stadt ausbreiten. Torgau. In den Niederungen am Rande sind am 25. April 1945 die Truppen der 1. Ukrainischen Front mit den aus dem Westen gekommenen amerikanischen Truppen zusammengestoßen.

Der Händedruck von Torgau, mit dem der hoffentlich letzte europäische Krieg symbolisch beendet wurde, ist in die Geschichte eingegangen. Er hat ein älteres Datum in den Hintergrund gedrängt – die Schlacht auf den sanften Süptitzer Höhen vor Torgau, wo am 3. November 1760 im schon erwähnten Siebenjährigen Krieg die österreichischen Truppen unter Marschall Daun den von Ziethen befehligten preußischen Husaren unterlagen.

Nur selten gehen heute historisch gestimmte Besucher über die Wiesen den Kämpfen von damals nach. Da findet das pompöse sowjetische Denkmal gegenüber von Schloß Hartenfels am rechten Elbufer mehr Aufmerksamkeit. Die Elbbrücke, vielbefahren heute, war 1945 gesprengt. Die Truppen hatten eine Behelfsbrücke mit Pontons errichtet.

Merkwürdig ist, daß es keine Fotos oder Filme von der ersten Begegnung von Sowjets und Amerikanern gibt. Die Kriegsberichter beider Seiten waren hinter den Spitzenverbänden zurückgeblieben. Erst einen Tag später wurde fotografiert und gefilmt. Dazu stellte man auf Befehl von oben die Begegnung mit viel Pathos nach. Wer da lächelnd Hände schüttelte, der wußte, daß die Kameras dabei waren.

Die Realität war so fröhlich nicht. Denn bald überließen die Amerikaner weite Gebiete Sachsens den sowjetischen Truppen und zogen sich auf ihre Zonen zurück. Deutschland war bereits im Februar 1945 in der Konferenz von Jalta unter den Alliierten aufgeteilt worden. Die Elbe setzte zwar dem Krieg eine Grenze, wurde hier aber nicht selbst zur Grenze.

Station Bad Schmiedeberg, schon kurz vor der Lutherstadt Wittenberg. Ein feines, kleines, in einer Senke geborgenes Eisenmoorbad bietet nicht nur Heilung bei allerlei Gebresten, sondern auch die gepflegte Erinnerung an gute Zeiten. Tonlager in der Dübener Heide waren Grundlage für eine ansehnliche Töpfertätigkeit, und auch tüchtige Tuchmacher schmückten ihre kleine Stadt an der Elbe mit Renaissancebauten an der gekrümmten Hauptstraße. Schön ist es, durchs Au-Tor aus dem 15. Jahrhundert nach Bad Schmiedeberg zu kommen.

Wittenberg ist erreicht, ganz gewiß eine der deutschen Städte von geistesgeschichtlichem Rang. Sie ist sich dessen bewußt. Protestanten aus aller Welt kommen in die einstige Universitätsstadt, um die Stätten zu sehen, von denen die Reformation ausgegangen ist. Professor Doktor Martin Luther lehrte hier ab 1512 Theologie; sein Kurfürst Friedrich der Weise aus dem Hause Wettin hatte die Universität 1502 gegründet (sie ist erst im 19. Jahrhundert von der in Halle aufgesogen worden).

Ob Martinus am 31. Oktober 1517 seine 95 Thesen zu Buße und böser Ablaßpraxis tatsächlich eigenhändig mit schwerem Hammer an die Tür der Schloßkirche genagelt hat – es mag historisch umstritten sein. Die berühmte hölzerne Tür, damals eine Art Schwarzes Brett der Hochschule, ist ohnehin 1760 verbrannt. Nicht umstritten ist die einst Europa erschütternde Wirkung, die von Wittenberg ausging. Selbst die Thesentür aus Bronze, vor der heute ständig Besucher andächtig stehen, gebietet Ehrfurcht. Und keiner der protestantischen Besucher bleibt ohne Bewegung, steht er in der Kirche vor Luthers Grab. Auch Weggefährte Philipp Melanchthon wurde hier beigesetzt.

Luthers Predigtkirche war die dreischiffige Stadtkirche St. Marien, dem imposanten Rathaus gegenüber. Der Reformationsaltar in St. Marien mit seinen drei Flügeln stammt von Lucas (Vater) und Hans (Sohn) Cranach, die auch in Wittenberg lebten; Hermann Vischer d. Ä. schuf das kunstreiche Taufbecken. Zum „Erlebnis Luther" gehört ein Besuch des Lutherhauses im Südosten, in der Collegienstraße. Reformationsdokumente aus aller Welt sind hier versammelt, Rarissima. Nur ein paar Schritte entfernt wohnte Melanchthon in einem schönen Gelehrten- und Bürgerhaus. Wer gar schon zuvor das Cranachhaus in der Schloßstraße gesehen hat, kann sich ein Bild von jenen so wichtigen Wittenberger Jahren machen; Vater Cranach war nicht nur Maler, sondern auch Apotheker – und zudem Bürgermeister der Elbstadt.

Wer Wittenberg sagt, muß auch Wörlitz sagen. Der Wörlitzer Park am See mit seinen vielen Inseln, der Roseninsel etwa, der Herderinsel, der Insel Stein, mit seinen Brücken und Grotten und seinen Statuen in der Weite – er ist ein grünes, irgendwo immer blühendes Juwel. Goethe, das weiß man, war begeistert.

Zwischen Venustempel und Friederikenbrücke, zwischen Palmenhaus und Dornauszieher ist ein Blick immer schöner als der andere. Gondeln stehen bereit. Das Nymphäum ist einst den Wassergöttinnen gewidmet gewesen, und da könnte auch die Göttin der Elbe gemeint sein – so sie eine hat.

Auf dem Wörlitzer Friedhof liegt Friedrich von Matthisson begraben, Hofmeister einst bei den Askaniern in Dessau, ein Freund Goethes und selbst Lyriker voller Leidenschaft. Seine „Adelaide" ist durch Beethovens Melodie unsterblich geworden. Und da zeigte sich wieder, daß vieles an der Elbe mit der Kultur Europas zu tun hat.

Der Händedruck von Torgau auf der Behelfsbrücke über die Elbe neben der gesprengten großen Brücke setzte am 25. April 1945 dem letzten Krieg ein nicht nur symbolisches Ende. Das Foto entstand allerdings einen Tag später. Die Fotografen hatten den Anschluß und damit den Abschluß verpaßt.

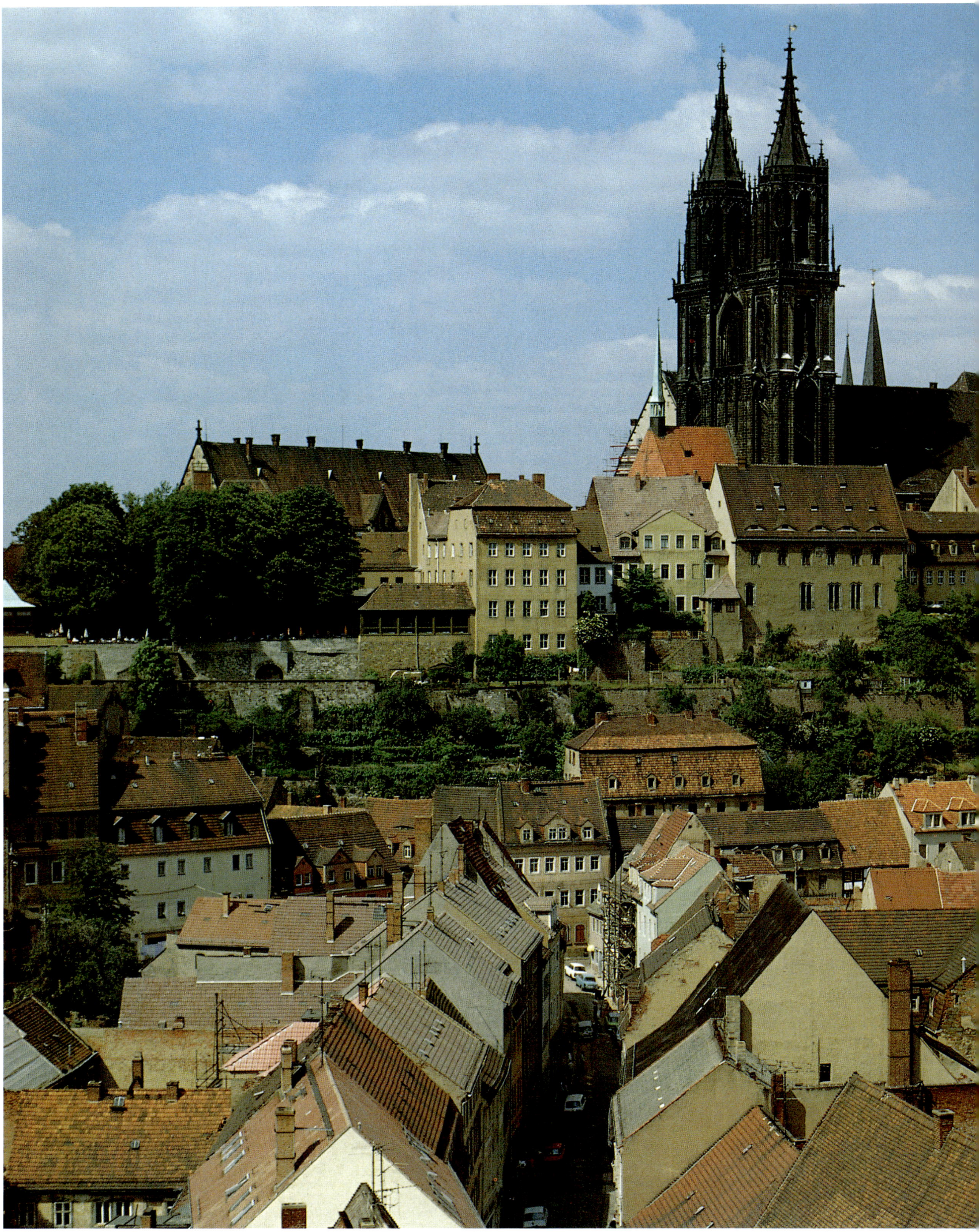

Meißen bietet eine zu Stein gewordene tausendjährige Geschichte – mit der Albrechtsburg aus dem 10. Jahrhundert, dem frühgotischen Dom und dem ehemaligen Bischofsschloß, die sich alle hoch über die reizvolle Altstadt erheben.

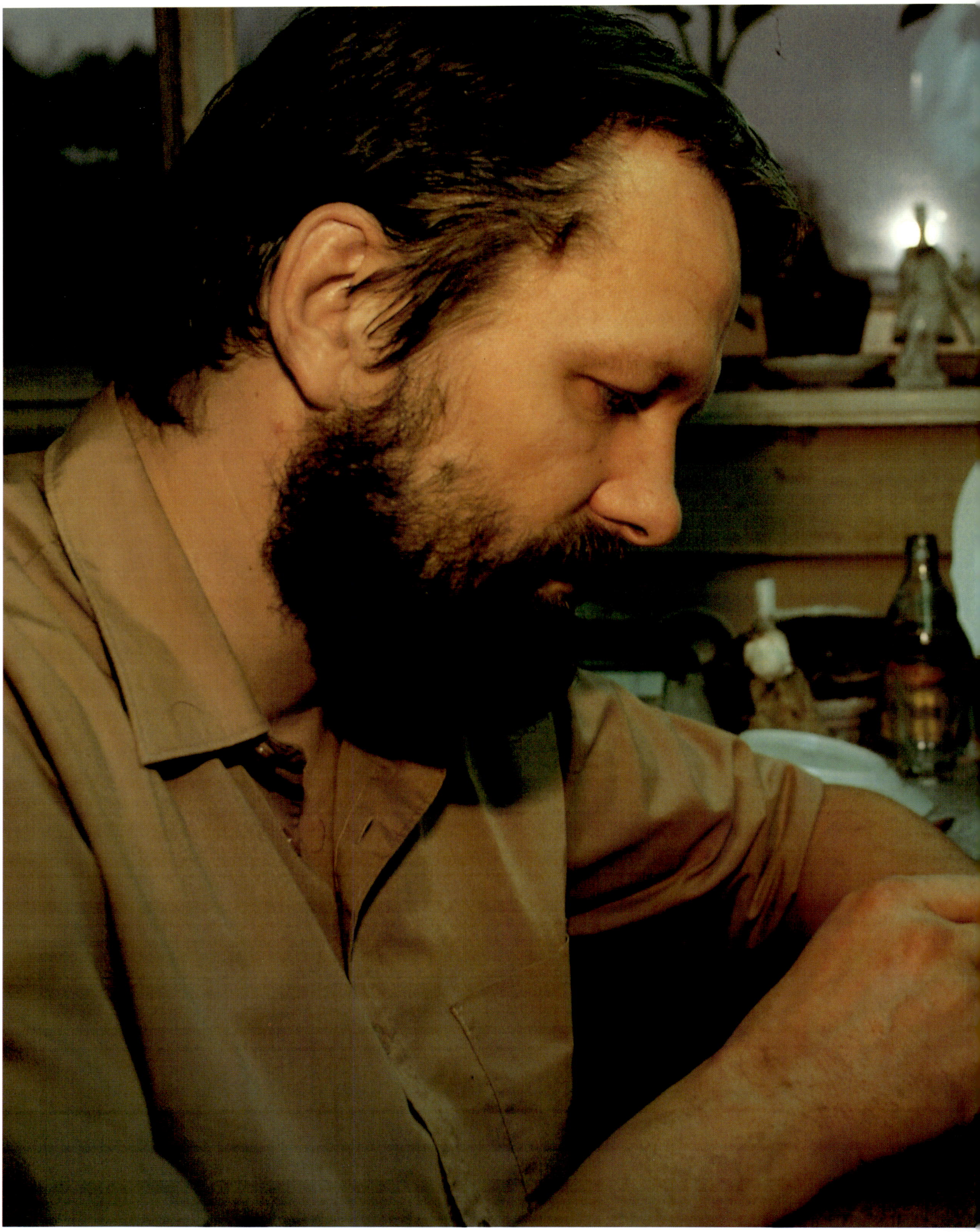

Südlich der Nikolaikirche hat heute die weltberühmte Staatliche Porzellanmanufaktur von Meißen ihren Sitz. Als Stadt der „Blauen Schwerter" genießt der Ort seit Gründung der ersten europäischen Manufaktur Weltruf. Die handbemalten Kunstwerke gehen in alle Erdteile.

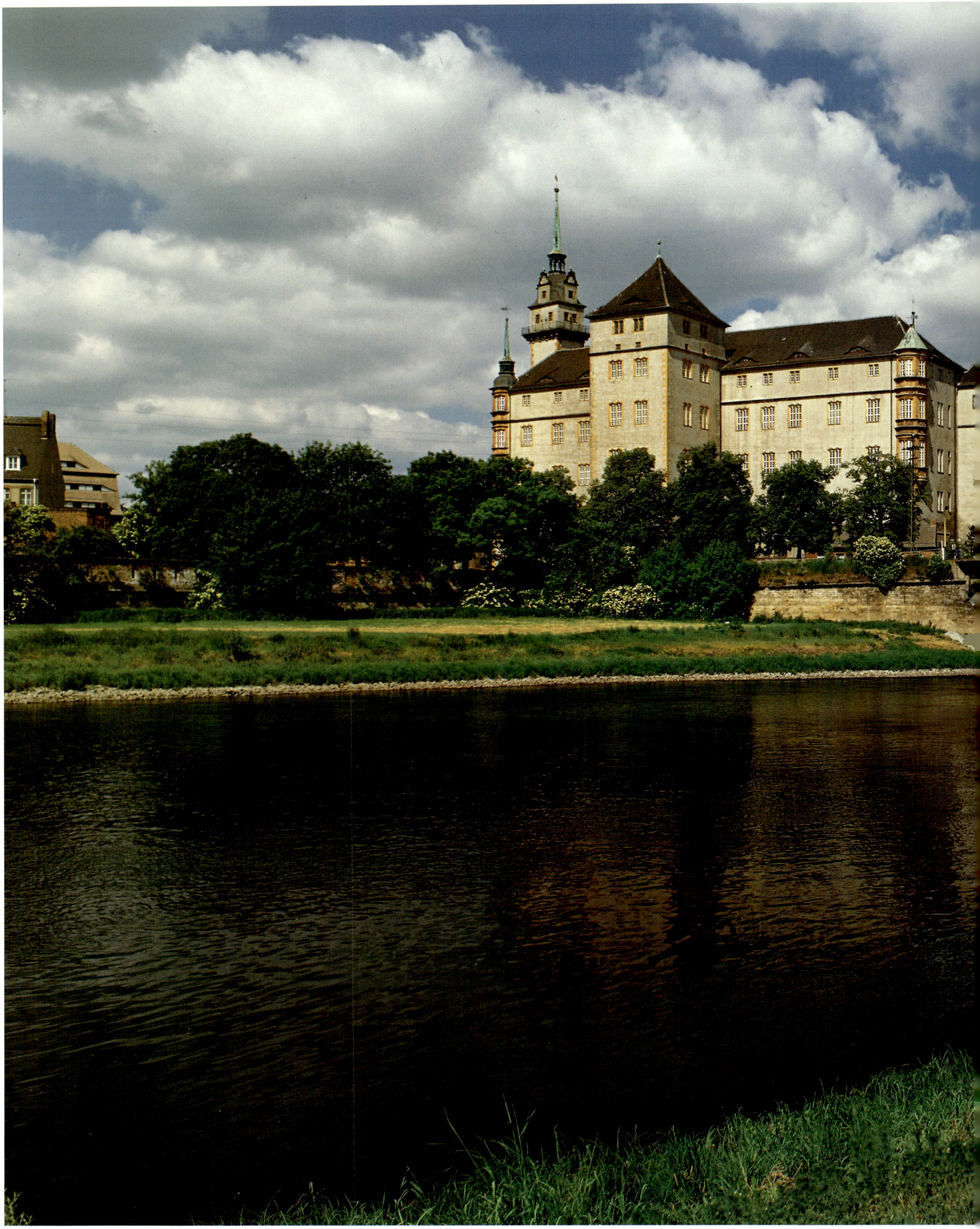

Torgau mit Schloß Hartenfels nimmt in der deutschen Geschichte dieses Jahrhunderts einen besonderen Platz ein. Am Elbufer trafen am 25. April 1945 die russischen und die amerikanischen Truppen zum „Händedruck von Torgau" zusammen. Damit wurde der letzte Krieg in Europa symbolisch beendet.

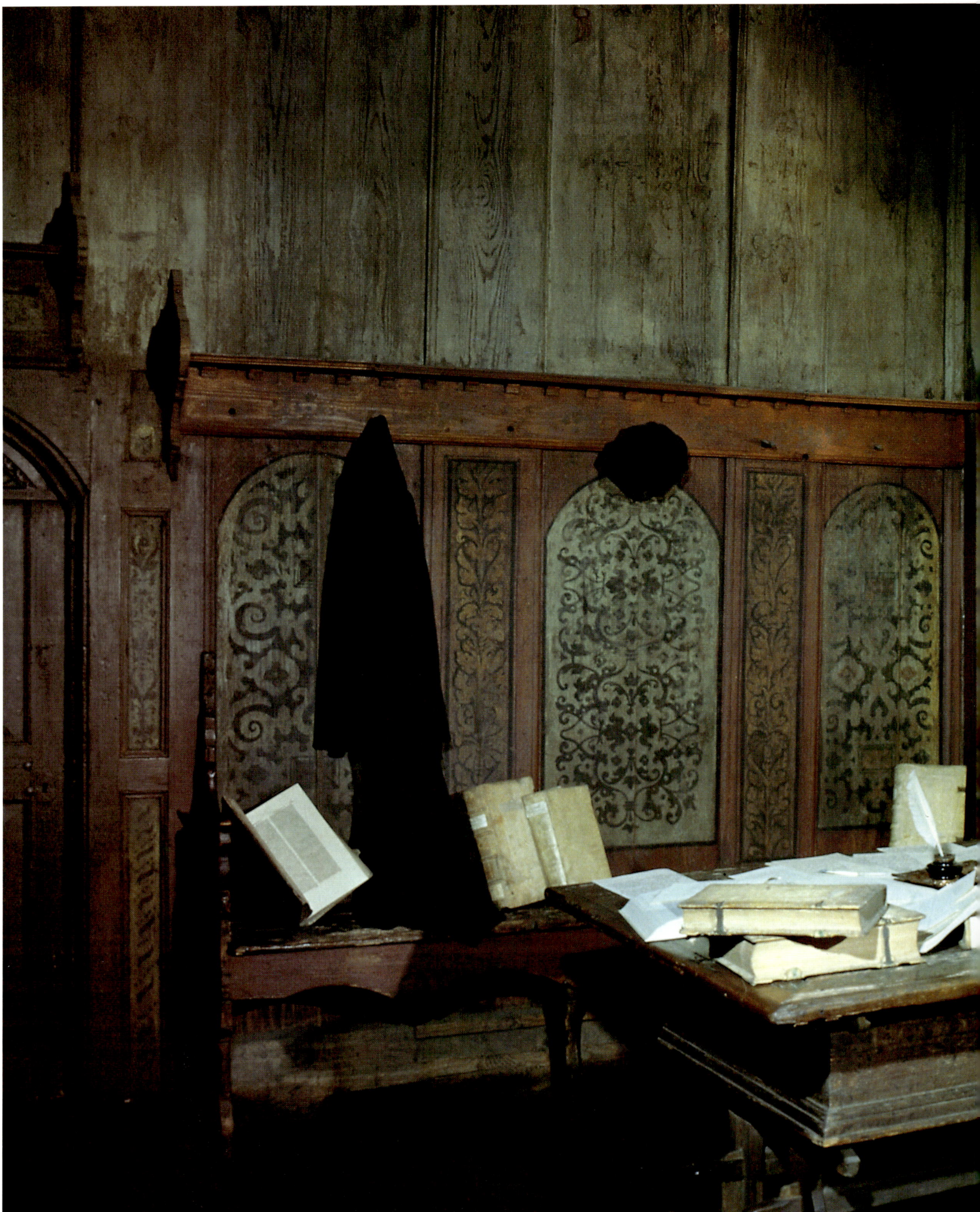

Der Herr Professor Doktor Martin Luther lehrte an der Universität von Wittenberg ab 1512 Theologie – hier sein Arbeitszimmer im Lutherhaus in der Collegienstraße. Mit seinen 95 Thesen zur Buße und zur Ablaßpraxis, 1517 ans Tor der Schloßkirche zu Wittenberg genagelt, löste Martinus die Europa verändernde Reformation aus. Protestanten aus aller Welt kommen heute zu Besuch in die Lutherstadt.

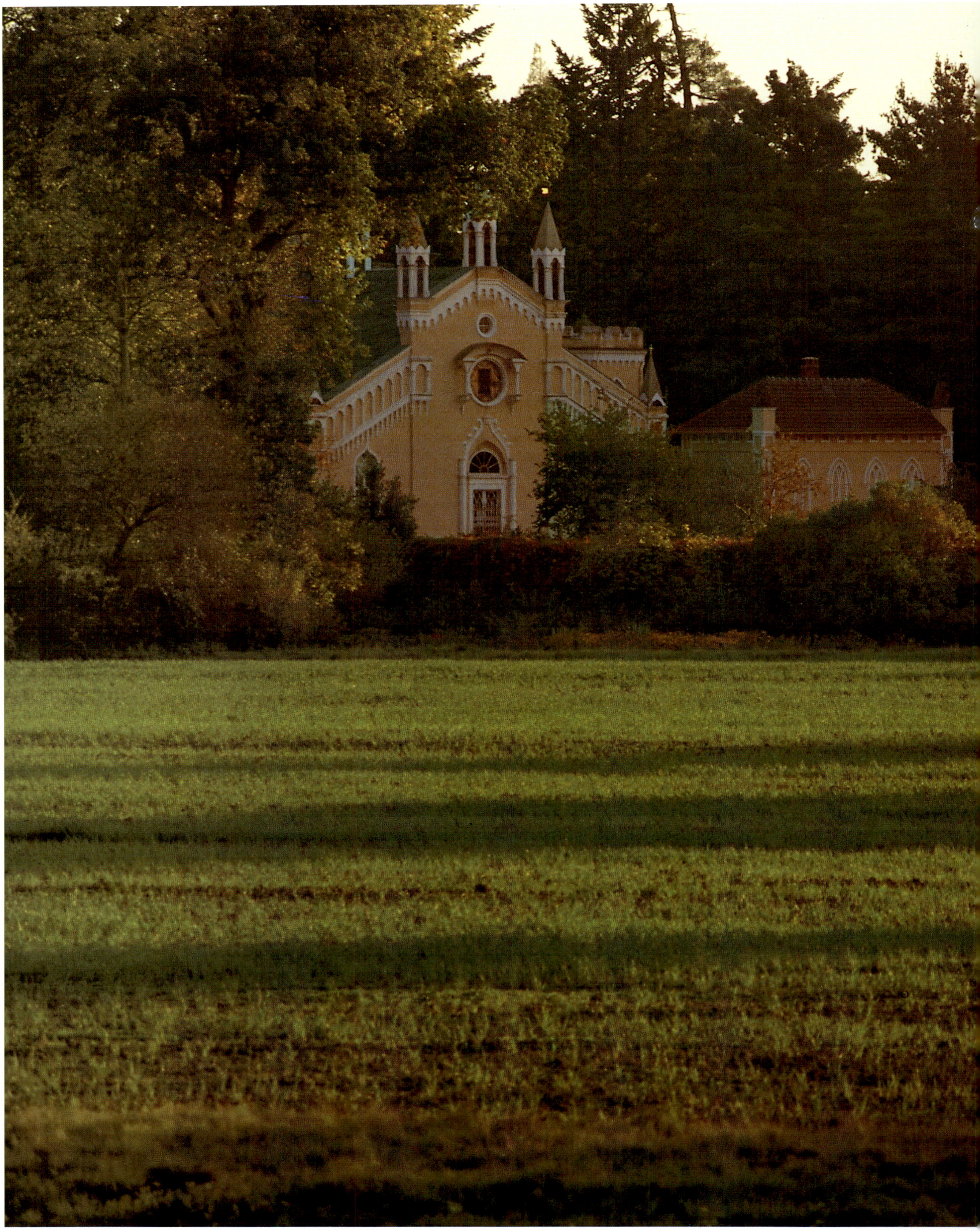

Der Park von Wörlitz an der Elbe war die erste Gartenanlage englischen Stils im Deutschland des 18. Jahrhunderts. Ein besonderes Stück darin ist das reizvoll gestaltete Gotische Haus. Der Park ist wieder ein international berühmtes Reiseziel.

Die Elbe und ihre großen Freunde: *Von Dessau bis Tangermünde*

Dem Elbwanderer wird jetzt der Marsch geblasen. Dessau. Roßlau rechts am Ufer ist durch Hafen, Werft und großen Bahnhof bestimmt – und durch die Rossel, die aus Richtung Hoher Fläming kommt; Dessau liegt zur anderen Seite hin, ist eine alte Residenz- und eine junge Industriestradt. Hier kommt die Mulde in die Elbe, und die bringt trotz ihres gemütlichen Namens viel ungemütlichen Chemiedreck aus Bitterfeld mit.

Vom alten Dessauer ist zu singen und zu sagen. Das muß ein Kraftkerl gewesen sein. Statt sich, wie seine Vorfahren, geschickt hinauf zu heiraten, nahm er eine schöne Bürgerliche, eine Dessauer Apothekerstochter. Daheim freilich hielt sie ihn nicht. Wo es heiß und heftig zuging, dort wollte er mit seiner Handvoll Soldaten dabei sein. Ein Haudegen. „Der Schnurrbart", sagten seine Männer, wenn sie von ihm sprachen. Sie liebten ihn.

In Turin lernte er Prinz Eugen kennen, den Edlen Ritter. Der imponierte ihm. Bei ihm blieb er. In den Feldern vor Turin traf Leopold, so hieß der Fürst von der Elbe, einmal eine Schar singender Pilger. Die Melodie der frommen Männer behagte ihm. Er ließ sie für sich und seine Reiter umarbeiten. Und wenn sich heute jemand den „Alten Dessauer" wünscht, legt jede bessere Kapelle gleich los, und fast jeder summt mit: „So leben wir, so leben wir, so leben wir alle Tage ..."

Der wichtigste Dessauer unseres Jahrhunderts war Walter Gropius. 1919 hatte er in Weimar das Bauhaus gegründet, die später bedeutendste Kunstschule der Neuzeit. Die Stadt der Klassik aber konnte mit der Moderne und ihrem Prinzip der Einheit von Kunst und Handwerk wenig anfangen. So zog Gropius mit seiner Idee 1925 nach Dessau. Sein Bauhaus, ein heller, klarer, gläserner Komplex, blieb erhalten, ist zum Mekka und Medina der modernen Architektur geworden und auch heute wieder auf dem Wege, sich in Europa zu Wort zu melden.

Das Bauhaus in Dessau, 1925 nach Entwürfen von Walter Gropius errichtet, hat mit seinen klaren Formen die Architektur der Moderne wesentlich und weltweit mitgeprägt. Der durch viel Glas bestimmte Komplex blieb erhalten.

Stil und Geschmack in weiten Teilen der Welt sind von hier aus entwickelt und geprägt worden; amerikanische Architektur etwa ist ohne Bauhausstil nicht denkbar. Allein die Namen der Lehrer, die Gropius um sich scharte, lesen sich heute wie ein Kompendium großer Kunst der Zwanziger: Feininger, Kandinsky, Klee, Marcks, Mies van der Rohe, Moholy-Nagy, Schlemmer.

Aber wer lieber Dürer sieht, oder Cranach, oder Tischbein, der braucht nur ins Schloß Georgium zu gehen, drei Straßen vom Bauhaus entfernt; große Kunst früherer Epochen Europas, viel aus flämischen und niederländischen Werkstätten auch, ist dort versammelt.

Ein kleiner Abstecher sei gestattet, weil es sich um ein Stückchen europäischer Historie wiederum in Elbnähe handelt. In Zerbst, das liegt zwanzig Kilometer nordwestlich von Dessau auf Magdeburg zu, residierte das Geschlecht derer von Anhalt-Zerbst; eine schöne Tochter des Zerbster Fürsten Christian August, die den Dreifachnamen Sophie Friederike Auguste erhielt, konnte Karriere machen – als Katharina II., die Große, Zarin von Rußland. Die große Katharina hat viele deutsche Siedler ins russische Reich geholt. Aber davon wußten die russischen Soldaten 1945 an der Elbe nichts.

Hauptstadt Magdeburg. Ein eigenwilliger Dreisprung durch die Geschichte schießt einem in den Sinn: Magdeburger Stadtrecht, Magdeburger Dom, Magdeburger Halbkugeln.

Mit den Kugeln war es so, daß Anno 1654 der nachdenkliche Otto von Guericke, der Natur in allen Erscheinungen verbunden und übrigens auch Bürgermeister der Stadt an der Elbe, vor dem Regensburger Reichstag die Wirkung der von ihm konstruierten Luftpumpe bewies. Er verstand sich auf Effekte, wie die Verwendung der entgegengesetzt antretenden Pferdegespanne bewies. Das war mehr als ein Spielchen; die Erforschung der Atmosphäre und das Eindringen des menschlichen Geistes in die Wunder der Elektrizität sind durch den Magdeburger Forscher erleichtert worden.

Der Dom ist ein ehrwürdiges Zeugnis deutscher Geschichte. Über dreihundert Jahre ist an ihm gebaut worden. Als eine erste frühe Klosterkirche niedergebrannt war – Kaiser Otto I., der Große, hatte sie gestiftet –, begann 1209 der Bau des heutigen Doms; Teile aus ottonischer Zeit liegen unter dem Chor und sind zugänglich.

Bauherr war Erzbischof Albrecht II., ein Geistlicher voller Bewunderung für die französische Kathedralkunst; er hatte in Paris studiert. Aber die Meister der Dombauhütten, die Steinmetze und Bildhauer, waren nie in Paris, und so entstand ein doppelgesichtiges Bauwerk, französisch in der Konzeption, romanisch-deutsch in der Ausführung bildnerischer Einzelheiten. Französisches und deutsches Kunstempfinden umarmten sich, und dies an der Ostgrenze der damaligen abendländischen Welt. Denn bereits Kaiser Otto hatte Magdeburg zum Kraftpunkt seiner Slawenmission bestimmt; in dem einzigartigen mittelalterlichen Bauwerk befindet sich sein Grabmal.

Dom-Daten: 1363 war der Innenraum fertig; 1520 kamen die beiden je 104 Meter hohen Türme hinzu; 1631 konnten sich viertausend Magdeburger vor Tillys Truppen in den Dom retten; 1826 wurde das Gotteshaus renoviert; die gewaltigen Bombenschäden des letzten Krieges konnten mit großem Engagement bis 1955 beseitigt werden.

Ein weiteres kostbares Stück der alten Stadt ist nördlich am Domplatz das Kloster Unser Lieben Frauen. Dessen Klosterkirche, 1230 vollendet, dient heute als Konzertsaal. Sie trägt den Namen des 1681 in Magdeburg geborenen Komponisten Georg Friedrich Telemann. Hier eine seiner temperamentvollen Kammermusiken zu hören, die „Scherzi melodichi" oder die „Essercizi musici", ist hoher Genuß. Im Klausurtrakt werden Bilder und Plastiken heutiger Künstler ausgestellt.

1948 wurde am Alten Markt eine romanische Halle freigelegt, die im Dreißigjährigen Krieg verschüttet worden war. Wer heute hier im „Weinkeller Buttergasse" seinen Schoppen trinkt, kann sich in große Zeiten zurückträumen. Da kommt ihm aus versunkenen Jahrhunderten der Magdeburger Reiter ganz in Gold entgegen – das kunsthistorisch bedeutendste Stück des Alten Markts, das nach der Antike älteste freistehende Reiterstandbild auf deutschem Boden.

Der Reitersmann stellt einen ritterlichen Gesandten von Kaiser Otto dar, wohl seinen Außenminister, so eine Art Hans-Dietrich Genscher des Mittelalters. Zu Pferde. Er hatte den dankbaren Auftrag, der stolzen Stadt besondere Rechte zu überbringen.

Das Magdeburger Stadtrecht mit seiner Festschreibung persönlicher Freiheiten bekam Modellcharakter für den europäischen Osten. In Böhmen wurde es eingeführt, Litauen und die Ukraine übernahmen es, in den Städten Ungarns setzte es sich durch, und bis nach Kiew drang es ins russische Reich. Magdeburger Oberhöfe zur Rechtswahrung wurden u.a. in Dresden, Breslau, Prag und Thorn eingerichtet.

Aber Achtung: Das Freistück ist eine gelungene Kopie; das Original mit echtem Blattgold steht seit 1966 bewacht im Stadtmuseum in der Otto-von-Guericke-Straße 68–73.

Magdeburg hat es gut. Denn hier gibt es drei, ja sogar vier Elben. Das sind die Strom-Elbe, die in weitem Bogen als Linksausleger die Stadt streift, die Alte Elbe rechts, die am schönen, 1871 angelegten Kulturpark Rotehorn entlangströmt, die liebliche kleine Taube Elbe durch Rotehorn, und schließlich die Zollelbe, mit der sich Magdeburg als Hafenstadt und als wichtiges Wasserstraßenkreuz ausweist. Sowohl der Mittellandkanal, von Wolfsburg her aus dem Westen kommend, als auch der Elbe-Havel-Kanal, der östlich aus Brandenburg, Potsdam und Berlin eintrifft, haben hier ihr Stelldichein.

Ein Spaziergang entlang der Elbuferpromenade reicht nicht aus, um die Kraft des Flusses zu würdigen. Gut zehn Kilometer entfernt im Norden gehört das Schiffshebewerk Rothensee zum obligaten Besuchsprogramm; das technische Meisterwerk macht es möglich, daß Frachtschiffe im 85 Meter langen Trog die Höhe von 16 Metern gelassen überwinden.

Der Magdeburger Bürgermeister Otto von Guericke bewies 1654 vor dem Reichstag zu Regensburg die Stärke des Luftdrucks. Acht Pferdepaare waren nicht in der Lage, die luftleeren „Magdeburger Halbkugeln" auseinanderzuziehen. Auf den Elbwiesen hatte der Naturforscher sein Experiment vorbereitet.

Nun wieder Literarisches. Jerichow und Tangermünde, elbabwärts nahe beieinander, sind nicht nur durch ihre Backsteinkirchen attraktiv – die Hansestadt Tangermünde mit der gotischen Stephanskirche, Jerichow mit der wuchtigen romanischen Klosterkirche. Beide Orte sind „zu Buche" geschlagen.

Aus Jerichow stammt Gesine Cresspahl, die würdigste Figur aus dem Werk von Uwe Johnson, der wie kein zweiter die schwierigen deutsch-deutschen Beziehungen unserer Zeit thematisiert hat. Gesine tritt bereits in den frühen „Mutmaßungen über Jakob" (1959) des Autors auf und geht später durch die vier Bände der „Jahrestage" (1970, 1972, 1973, 1983), wo sie, in New York lebend, ihre Tochter Marie unter anderem über das Leben in Jerichow vor dem Krieg aufklärt.

In Tangermünde sind viele Phantasien vor Anker gegangen. Das hat mit Grete Minde zu tun. Die mißratene Patriziertochter aus der Langen Straße hatte einen Rechtsstreit mit ihrer Verwandtschaft verloren und daraufhin mit einigen „Spießgesellen", wie das damals hieß, fast die ganze Stadt in Brand gesetzt: 486 Wohnhäuser und 52 Scheunen wurden am 13. September 1617 Opfer der Flammen. Der Dreißigjährige Krieg schien ein brennendes Vorspiel zu haben.

„Sie mag deswegen vor endlicher Tötung uff einem Wagen biss zur Richtstädte geführt, ihrer fünf Finger an der rechten Hand einer nach dem anderen mit glühenden Zangen abgezwacket, nachmalen ihr Leib mit viel glühenden Zangen gegriffen", hieß das Todesurteil für Grete. Die Motivverbindung Schuld und Leid hat viele Autoren gepackt.

Mit seiner Novelle „Grete Minde. Nach einer altmärkischen Chronik" (1880) steht Theodor Fontane ganz vorn. Er hat allerdings der zündelnden Ratsherrentochter ein milderes Ende zugedacht. Grete setzt bei ihm ihrem Leben selbst ein Ende und stürzt mit ihrem Kind und mitsamt den Glocken vom brennenden Turm der Stephanskirche – „ein Patrizierkind, das durch Habsucht, Vorurteil und Unbeugsamkeit von Seiten ihrer Familie, mehr noch durch Trotz des eigenen Herzens, sich und die halbe Stadt vernichtend, zu Grunde geht" (Fontane in einem Brief). Da taucht auch ein deutscher Spielfilm aus der optischen Einnerung auf: „Grete Minde". Er war das erste Leinwandwerk von Heidi Genée und lief 1977 mit Erfolg als deutscher Wettbewerbsbeitrag bei den Berliner Filmfestspielen.

Das Doppelhaus der Mindes ist 1617 mitverbrannt. Eine unscheinbare Straße am Rande der Altstadt immerhin hält den Namen der Brandlegerin fest. Hier, vor der alten Burg, traf sich Grete heimlich mit ihrem Freund Valtin. Aber auch dieses versteckte Eckchen war beiden zu gefährlich, und deshalb gingen sie gern hinunter ans Wasser. An die Elbe.

Magdeburg, die Hauptstadt des Bundeslandes Sachsen-Anhalt, liegt am Ostrand der fruchtbaren Magdeburger Börde und hat durch seinen Binnenhafen große Bedeutung: Hier kreuzen sich die Wasserstraßen von Elbe, Mittellandkanal und Elbe-Havel-Kanal. Der mittelalterliche Magdeburger Dom setzt der Stadt den besonderen Akzent. Im Ausstellungshafen am östlichen Elbufer sind Veteranen der Elbschiffahrt zu besichtigen.

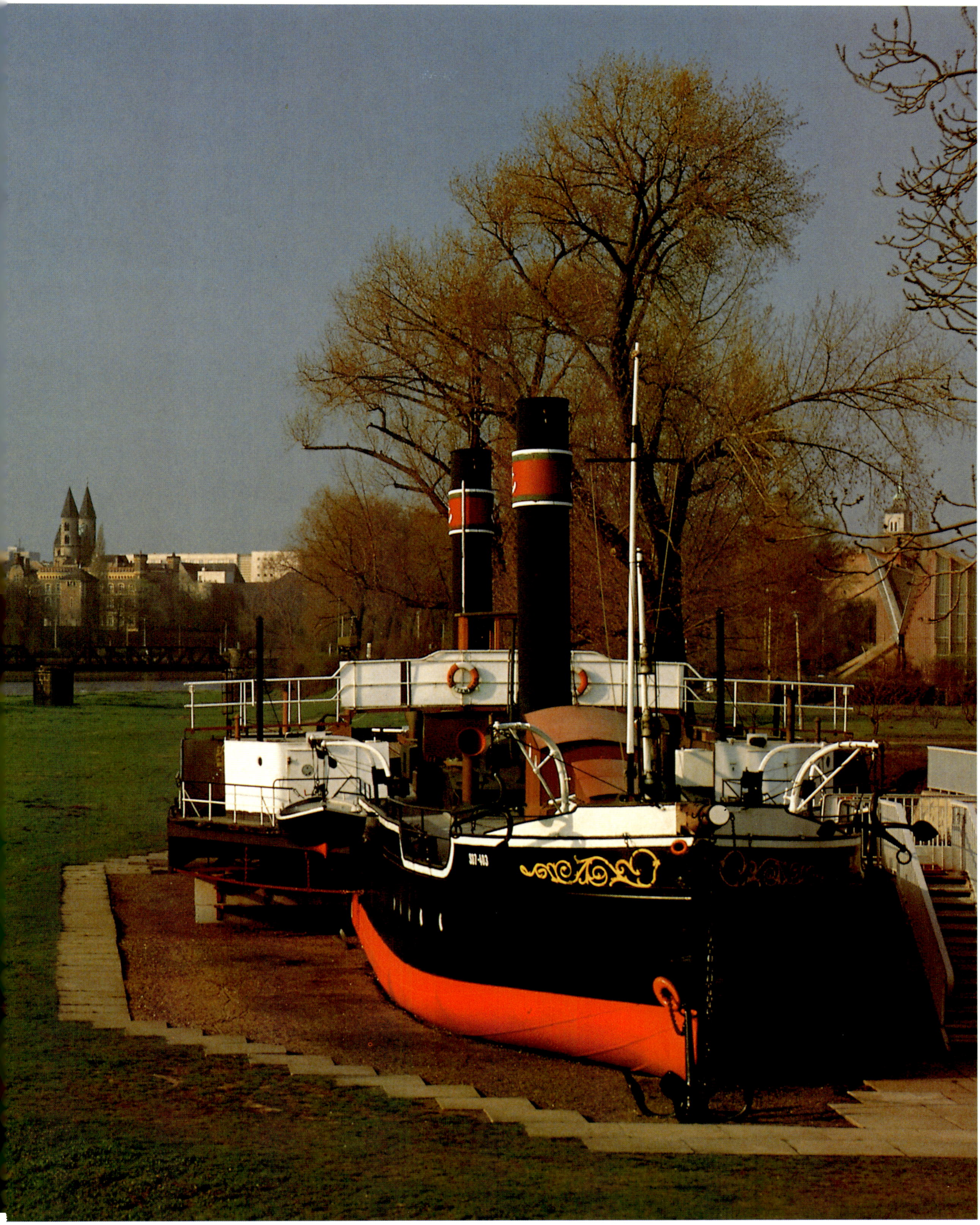

Die Elbe kriegt die Kurve: *Von Havelberg bis Hamburg*

In Havelberg entscheidet sich alles. Bis hierhin ist die Elbe entschlossen nach Norden geflossen, ja sie neigte sich zuweilen sogar sanft gen Nordost. Wäre sie dabei geblieben, so hätte sie leicht durch die Prignitz über Perleberg, Ludwigslust und Schwerin bei Wismar den Weg in die Ostsee gefunden.

Aber nein. Sie will nach Westen. Gleich hinter Havelberg biegt sie ohne zu zögern ab. Dadurch wird sie zur deutschen Gemeinsamkeit. Gleich hinter dem hohen Mariendom der alten Stadt nimmt sie Nordseewitterung auf. Die Birnen des Herrn von Ribbeck auf Ribbeck im Havelland locken sie nicht. Sie will zu den blühenden Apfelbäumen im Alten Land.

Hinter dem Elbhafen von Wittenberge taucht bald ein Ort auf, der von den Elbschiffern stets mit Respekt genannt wurde: Schnackenburg.

Die Grenze zwischen Deutschland und Deutschland hatte hier einen besonders heiklen Punkt. Elbzoll und Polizei nahmen die Schleppzüge aus Polen und der Tschechoslowakei unter ihre scharfe Lupe, und ebenso wurden die Schiffe untersucht, die aus Hamburg kamen und bei Wittenberge in die Kanäle Richtung Berlin gingen.

Bei Schnackenburg wurde die Elbe zum Grenzfluß. Sie blieb bis Lauenburg ein Stück jener Abschottung, die man teils deutlich Zonengrenze, teils etwas verniedlichend Demarkationslinie nannte. Vorüber, vorbei; die Erinnerung verblaßt, und schon ist es kaum mehr glaublich, daß jahrzehntelang ein Stichelstreit darum ging, ob denn die Trennung in der Flußmitte oder am rechten Ufer der Elbe verlaufe.

Links liegt das Wendland, ein auf besondere Art reizvolles Stück am Fluß. Naturpark Elbufer-Drawehn heißt es seit 1968. Der Landkreis Lüchow-Dannenberg weist, absolut wie auch auf die Flächeneinheit bezogen, von allen Landkreisen der alten Bundesrepublik die geringste Bevölkerungsdichte auf. Hier leben vierzig Menschen je Quadratkilometer (im Durchschnitt der alten Bundesländer 270).

Wer Ruhe sucht, wer gelassen den Weißstorch, den Graureiher, den großen Brachvogel, den Gänsesäger oder gar den scheuen Eisvogel beobachten möchte, wer auf weiten Wanderungen am Fluß allein sein möchte, der ist hier richtig. Es ist das, was man als Geheimtip bezeichnet. Hier wachsen noch Moorlilie und Lungenenzian, die pfirsichblättrige Glockenblume und die Feuerlilie. Vor hundertachtzigtausend Jahren haben Geröll und Schmelzwasser gleich hinter den feuchten Marschen die welligen Hochflächen der Göhrde und die waldreichen kleinen Kuppen des Drawehn aufgeschüttet. Die slawischen Wenden ließen sich in eigenwilligen Runddörfern nieder. Ortsnamen wie Mamoißel, Meuchefitz oder Zernien weisen auf die Herkunft. So manche der schönen Fachwerkhäuser sind von Berlinern oder Hamburgern in Urlaubsstätten verwandelt worden. Hitzacker ist ein kleines Prachtstück. Eine Idylle. Das alte Residenzstädtchen mit seinen malerischen Winkeln liegt wie eine freundliche Insel am Ufer der Elbe. Es wird von zwei Armen der Jeetzel umflossen. Jahr für Jahr im Juni und Juli finden hoch über der Elbe im Konzerthaus am bewaldeten Steilufer die international beachteten „Sommerlichen Musiktage" statt. Mitglieder der Berliner Philharmoniker, die 1945 hier hängengeblieben waren, hatten sie 1946 ins Leben gerufen. Sehnsuchtsvoll blickten in den Jahrzehnten der Teilung die Konzertbesucher in den Pausen über den Fluß ins Mecklenburgische. Auch heute kommen sie hauptsächlich wegen der Musik. Aber nun ist es auch schön, mit weißen Fährschiffen die Elbe zu überqueren und „drüben" zu wandern. Die Elbe trennt nicht mehr.

„Drüben", das ist Dömitz an der Eldemündung, wo viele Jahre die Reste der noch in den letzten Kriegstagen bombenzerstörten Elbbrücke wie eine Mahnung dastanden. Im Dezember 1992, fast fünf Jahrzehnte nach der Vernichtung im April 1945, konnte der Neubau der Brücke eröffnet werden. Sie verbindet Niedersachsen und Mecklenburg, Dannenberg und Dömitz.

Wer durch Dömitz geht, wandert auf den Spuren von Fritz Reuter. Der mecklenburgische Dichter mußte hier 1839/1840 seine „Festungstid" zubringen. Bei dem gutmütigen Kommandanten, dem siebzigjährigen Oberstleutnant von Bülow, fand der aufsässige Geist Verständnis. Der junge Staatsgefangene aus Stavenhagen bekam sogar die Erlaubnis zum Baden in der Elbe, und abends wurde er von seinem adligen Oberwächter regelmäßig zum Schach nach Hause eingeladen.

Eine kleine Rolle spielte das Elbstädtchen in einem der ersten deutschen Nachkriegsfilme, in Rudolf Jugerts „Film ohne Titel", zu dem Helmut Käutner das Drehbuch schrieb. In vier alten Waggons auf den Gleisen von der Lüneburger Heide bis zur Brückenruine wurde gedreht. Hauptrollen: Hildegard Knef und Hans Söhnker; Nebenrolle: die Brücke. In ihrer Autobiographie „Der geschenkte Gaul" hat die Schauspielerin die schönen und schwierigen Tage festgehalten.

Sechs Kilometer von Dömitz entfernt liegt Rüterberg, ein Hundertfünfzig-Seelen-Dorf mit ganz eigener Geschichte. Der kleine Ort an einer weiten, unübersichtlichen Elbschlaufe bot einen relativ einfachen Fluchtweg aus der ehemaligen DDR. Der real existierende Sozialismus sperrte den Ort in der ohnehin abgekapselten DDR deshalb extra ein. Durch ein stacheldrahtgeschütztes Eisentor kam nur hinein und heraus, wer einen Passierschein hatte.

Die Eingeschlossenen von Rüterberg erklärten im November 1989, noch vor der Wende, ihr Dorf hinter dem Drahtverhau zur freien Dorfrepublik. Nicht nur in den Großstädten also gingen die Menschen — „Wir sind das Volk!" — auf die Straße; auch in so einem kleinen Ort wurde Geschichte mitgestaltet. Und wer heute auf der Elbe vorbeifährt, kann zu einem befreundeten Staatswesen hinüberwinken: Rüterberg hat beim Bundeskanzler den Antrag gestellt, sich auch künftig „Dorfrepublik" nennen zu dürfen. Bonn fürchtet keine Konkurrenz — und ist nicht abgeneigt.

Gorleben, klein und leise, was es sicher gern geblieben wäre — dieses unscheinbare Dorf hat 1977 an der Nachkriegsgeschichte mitgeschrieben. Heftige Auseinandersetzungen um ein geplantes atomares Entsorgungszentrum zwischen Befürwortern und Gegnern der Atomkraft haben die Stille an der Elbe zerrissen. Dreiundreißig Tage hielt sich 1980 eine „Republik Freies Wendland". Die Erinnerung an das hektische Geschehen ist noch lebendig, und es wird kaum je zu klären sein, ob man hier lieber ungestört den Rohrdommeln lauscht und relativ arm bleibt, oder ob man mit dem Reichtum (ebenfalls relativ) auch die lautlose radioaktive Gefahr in Kauf nimmt.

Lauenburg an der Elbe ist einen Pferdewechsel wert, behaupteten Reisende in alten Zeiten. Die Fachwerkwinkel der unteren Altstadt und der Blick vom Schloßberg in der Oberstadt mit dem fünfhundert Jahre alten Schloßturm der Askanier auf eine Flußlandschaft ist auch heute noch einen „Pferdewechsel" wert. Motorkähne, Schlepp- und Fahrgastschiffe fahren stromauf und stromab oder kommen vom Elbe-Trave-Kanal, der die Elbe nun doch noch mit der Ostsee verbindet, und was über die „Alte Salzstraße" von Lübeck oder Lüneburg her auf dem Landwege transportiert wurde, kann auf Wasserwegen weitergebracht werden.

Hamburg kündigt sich an. Die Staustufe Geesthacht ist vorgeschaltet. Die Elbe wird zwei Meter über den mittleren Wasserstand gehoben. Dadurch wird es möglich, daß weiter unten die Hamburger Häfen und die Niederelbe auch Großtanker mit ihrem Tiefgang verkraften. Schiffs-Schleppzüge umgehen das Wehr nördlich in einem fünf Kilometer langen Kanal.

Der Sachsenwald mit den Bismarckstätten zur Rechten und die fruchtbaren Vier- und Marschlande links hinter den Deichen begleiten den Fluß in die Stadt. Lange Beetreihen unter Glas lassen in der gebündelten Wärme Blumen und Gemüse prächtig gedeihen, und auf fettem Boden finden die Schwarzbunten, wie die Kühe mit ihren schwarzweißen Fellflecken hier genannt werden, ihr gutes Futter.

Johann Peter Eckermann ist hier als junger Hütejunge über die Wiesen gelaufen. Goethes getreuer Eckermann stammte aus dem nahen Winsen an der Luhe am Rande der Marschen; als der Gründer des Insel-Verlags, der Goethekenner Anton Kippenberg aus Weimar, hier urlaubte, schrieb er die folgenden witzigen Schüttelreime auf:

„Auf Winsen sich die Ruhe legt,
Kein Windeshauch die Luhe regt.
Da hebt Gemuh, Gemecker an:
Die Herde heim treibt Eckermann."

Ein Stück Erinnerung ist die alte Dömitzer Straßenbrücke über die Elbe. 1936 wurde sie nach zweijähriger Bauzeit eingeweiht. Am 20. April 1945 dauerte es fünf Minuten, bis die Brücke von amerikanischen Bombern zerstört war. Danach dauerte es fast fünf Jahrzehnte, bis im Dezember 1992 der Neubau eröffnet werden konnte. Die Brücke verbindet nun wieder Niedersachsen und Mecklenburg.

Hamburg ist erreicht. Die Elbe bäumt sich auf. Ihr Hafen kommt, ihr großes Wasserfest. Der Hamburger Hafen gehört zu den bedeutendsten der Welt. Über siebzig Becken bieten bis zu vierhundert See- und Binnenschiffen Liegeplätze. Putziger Vergleich: Der Hafen ist 67mal so groß wie das Fürstentum Monaco. Nahezu dreihundert Liniendienste verkehren von hier aus regelmäßig. An den Landungsbrücken legen auch viele der weißen, eleganten Kreuzfahrtschiffe ab, die Passagiere die Elbe weit stromaufwärts befördern. Der Schiffstourismus hat sich damit eine neue europäische Kreuzfahrtregion von hoher Schönheit, großer Vielfalt und internationalem Flair erschlossen.

Die luxuriöse „Prinzessin von Preußen" der Reederei Peter Deilmann, eigens für die Elbe geschaffen, will die Tradition der alten Ocean-Liner fortsetzen, mit Salons in der adligen Eleganz der Belle Époque, mit Whirlpool, Boutique und exquisiten Tafelfreuden. Aussig ist Endstation. Die „Prinzessin" kommt von der Werft Ruscador Ltd., Hull/North Humberside; die liegt in England, gehört einem Ägypter, der bisher vor allem Kreuzfahrtschiffe für den Nil gebaut hat, und in der Crew gibt es deutsche, österreichische und tschechische Fachleute.

Bis nach Bad Schandau bringen die beiden Kabinenschiffe „Clara Schumann" und „Theodor Fontane" der Köln-Düsseldorfer Deutschen Rheinschiffahrt ihre Gäste; beide wurden im holländischen Dordrecht ebenfalls eigens für den neuen Elb-Schiffstourismus gebaut.

Völlig umgebaut und modernisiert wurde die dreizehn Jahre alte „Calypso", die mit niederländischer Besatzung unter Schweizer Flagge zwischen Hamburg und Dresden verkehrt, ein Schiff mit der klaren Schönheit skandinavischen Designs.

Als fünftes Kreuzfahrtschiff wird die „Dresden" zu Wasser gelassen. Das komfortable Schiff soll für die Dresdner Kreuzfahrt-Gesellschaft den Fünf-Sterne-Luxus nach dem Muster des Dresdner Hotels „Bellevue" auf die Elbe übertragen.

Leinen los für die Flußfahrt in ein schönes Stück Deutschland in der Mitte Europas, in Landschaften voller Kultur und Geschichte. Der liebenswürdige Hamburger Poet Friedrich von Hagedorn schrieb einst in schöner Rokokomanier die Verse, die etwas von der Reisefreude und der vergnüglichen Schiffsgeselligkeit ausdrücken, wie sie nun wieder auf dem Wasser unterwegs sind:

„Der Elbe Schiffahrt macht uns reicher.
Die Alster lehrt gesellig sein.
Durch jene füllen wir die Speicher,
Auf dieser schmeckt der fremde Wein."

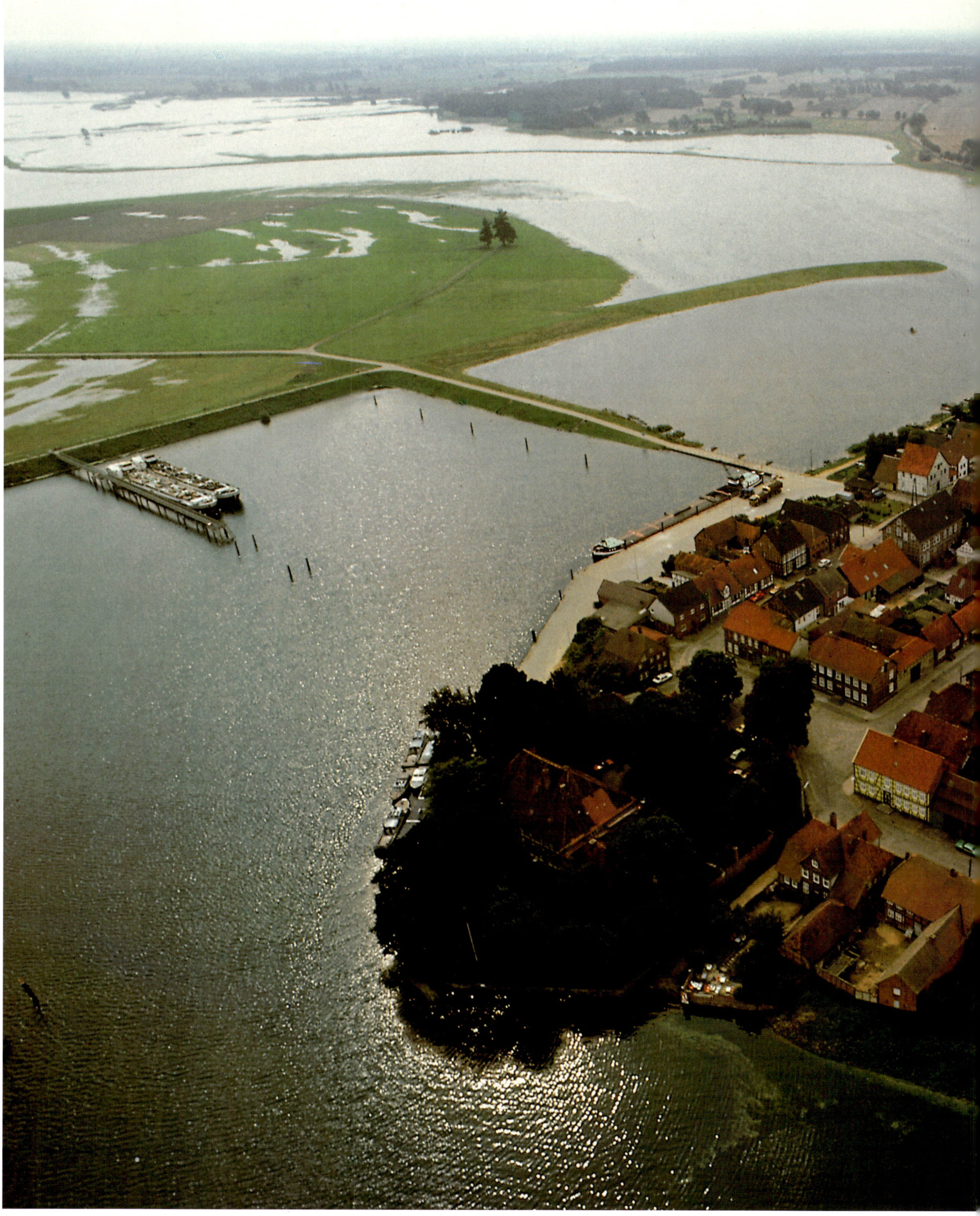

In den großen Becken von Schnackenburg nahmen Elbzoll und Polizei die Schleppzüge unter ihre scharfe Lupe, die aus dem europäischen Osten kamen oder dorthin fuhren. Der reizvolle kleine Elbort ist heute wieder eine offen in der breiten Elblandschaft liegende Stadt, ohne die scharfe Trennungslinie.

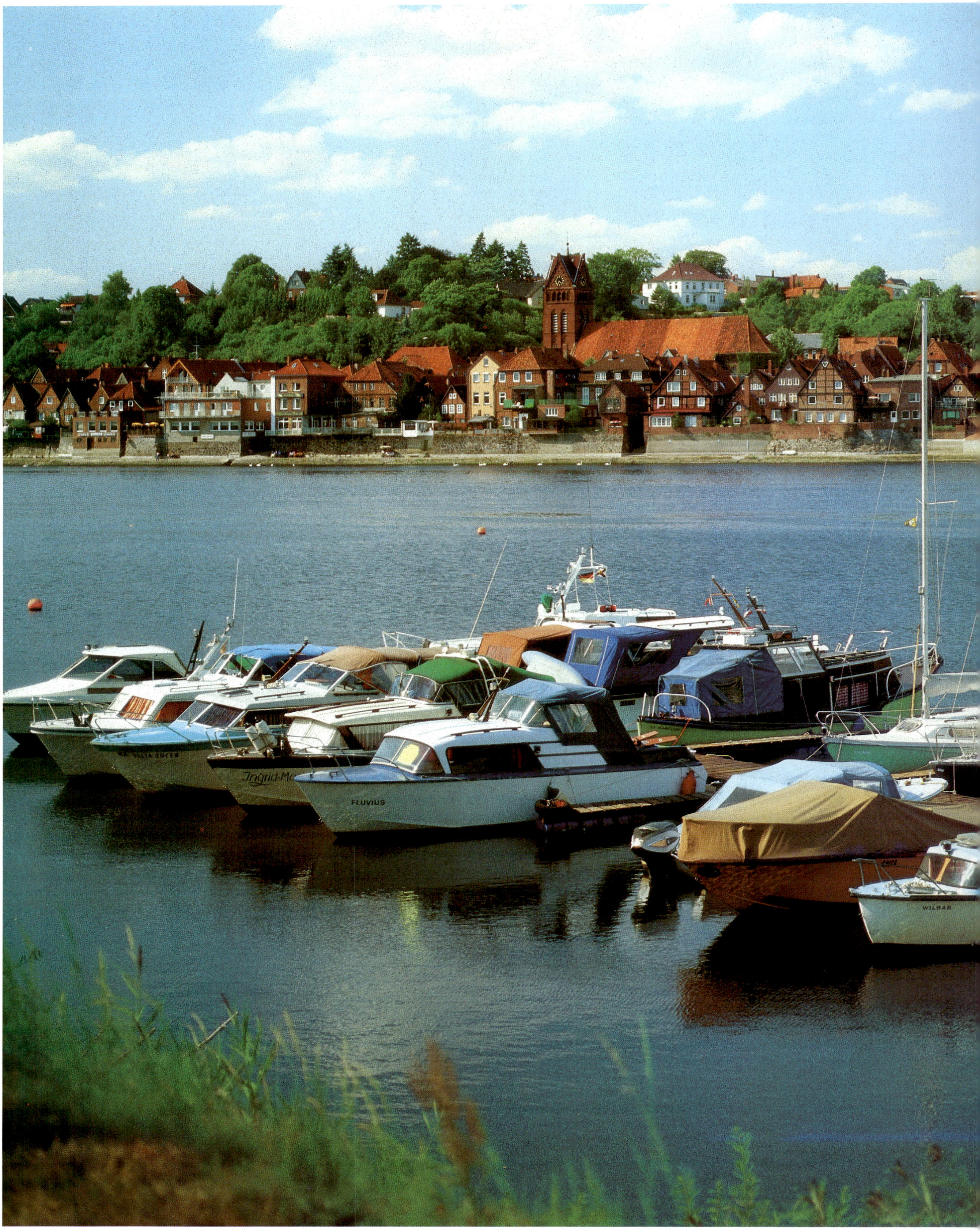
FLUVIUS
WILBAR

Lauenburg an der Elbe mit seiner Fachwerkpracht in der Unterstadt und seinem Schloßberg samt fünfhundert Jahre altem Schloßturm der Askanier in der Oberstadt lockt viele Besucher an. Diesen Ort streift die „Alte Salzstraße", die von Lüneburg über Lübeck bis an die Ostsee führt.

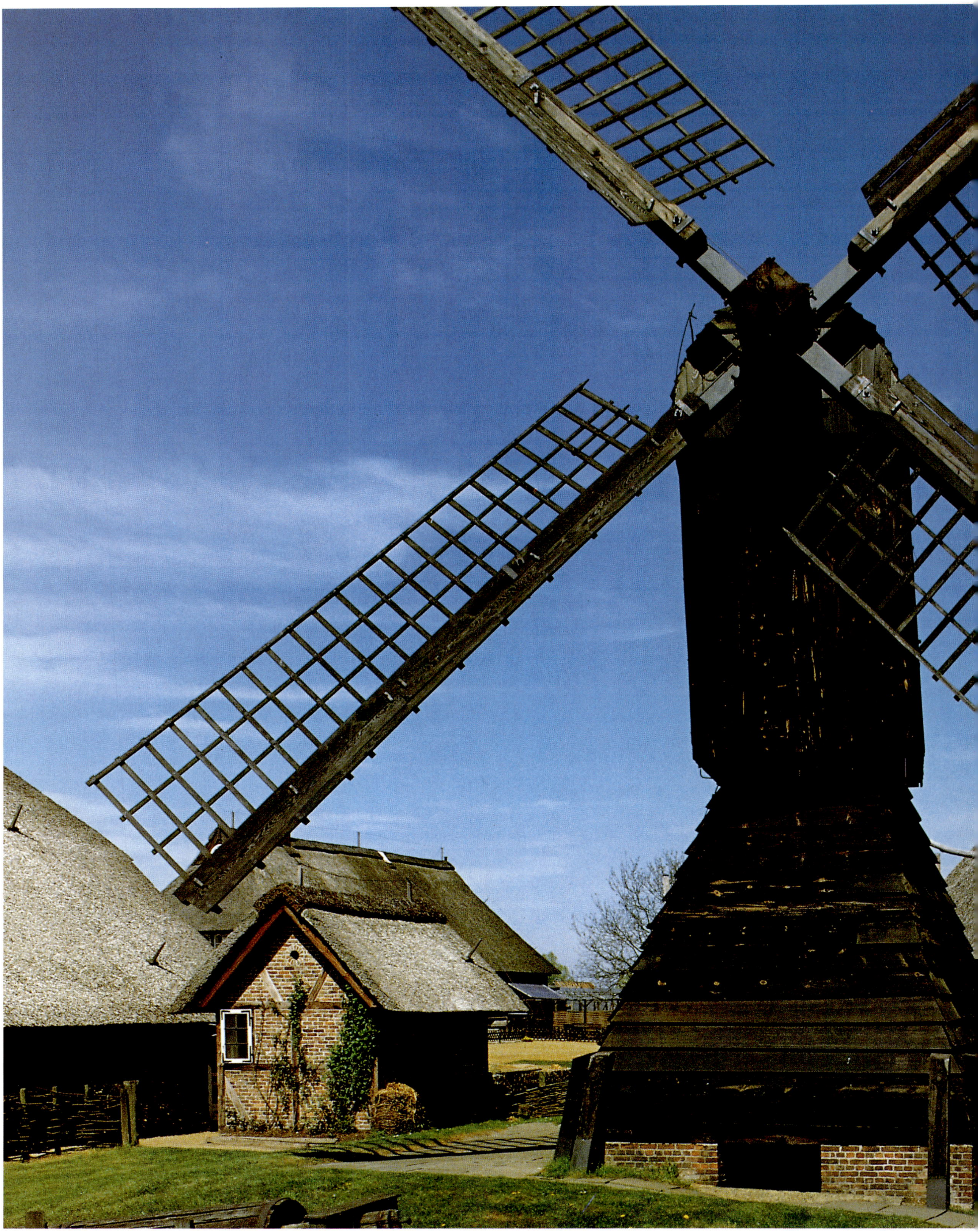

A uf dem Boden der Vier- und Marschlande vor Hamburg finden die Schwarzbunten, wie die Kühe mit den schwarzweißen Fellflecken hier genannt werden, ihr gutes Futter, und der Wind im weiten Land treibt es noch immer mit einigen schönen Mühlenflügeln – wie hier im Rieck-Museum.

Elbe – Leben
– Welt. Aus diesem Dreiklang
schuf Wolfgang Borchert sein in
Hamburg verliebtes poetisches
Werk. In der Speicherstadt
verdichtet sich das, was den welt-
bedeutenden Handelsplatz
Hamburg an der Elbe ausmacht.

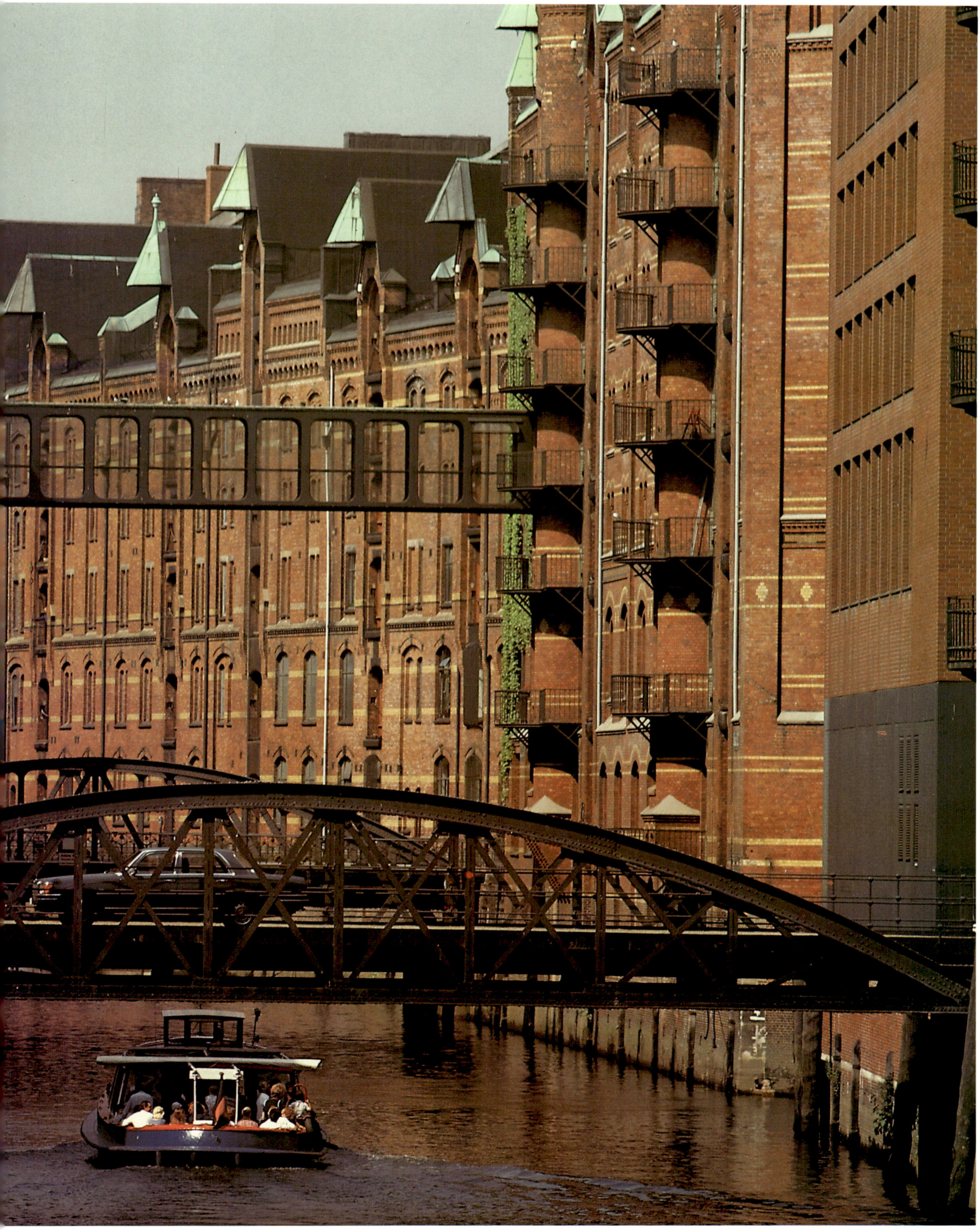

Die Elbe hat es gut getroffen: *Von St. Pauli bis Scharhörn*

„Und wenn wir abends auf den wiegenden Pontons stehen – in den grauen Tagen – dann sagen wir: Elbe! Und wir meinen: Leben. Wir meinen: Ich und du. Wir sagen, brüllen, seufzen: Elbe – und meinen: Welt!"

Sprache eines Dichters. Die magische, beschwörende Elbfeierlichkeit stammt von Wolfgang Borchert (aus dem Prosastück „Die Elbe"). Borchert, das war einer, der Hamburg und den Fluß liebte. In Hamburg, in der Tarpenbekstraße 82, ist er am 20. Mai 1921 zur Welt gekommen; gestorben ist er am 20. November 1947 in Basel – einen Tag später wurde sein Stück „Draußen vor der Tür" in Ida Ehres Hamburger Kammerspielen uraufgeführt. Das aus einem Hörspiel hervorgegangene Schauspiel war einer der Höhepunkte des deutschen Nachkriegstheaters. Die Elbe tritt in einer Traumszene selbst auf, als alte Frau, grauhaarig, verbittert, nicht zu vergleichen mit den flotten Rheintöchtern, die sich Richard Wagner ausgedacht hat.

Elbe (zum Heimkehrer Beckmann, der von den St. Pauli-Landungsbrücken ins Wasser gesprungen ist): „Du hast wohl gedacht, ich wäre ein romantisches junges Mädchen mit blaßgrünem Teint? Typ Ophelia mit Wasserrosen im aufgelösten Haar? Du hast am Ende gedacht, du könntest in meinen süßduftenden Lilienarmen die Ewigkeit verbringen. Nee, mein Sohn, das war ein Irrtum von dir. Ich bin weder romantisch noch süßduftend. Ein anständiger Fluß stinkt. Jawohl. Nach Öl und Fisch. Was willst du hier?"

Auffallend und bemerkenswert an dieser Szene ist, daß Hamburg durch die Elbe definiert wird. Die „kaiklatschende schilfschaukelnde sandsabbelnde möwenmützige graugrüne große gute Elbe" ist bei Wolfgang Borchert ein Synonym für Hamburg, ein Symbol für seine Liebe.

In der Tat: Elbe und Hamburg sind nicht zu trennen. Die Landschaft des Elbufers zieht ihre grüne Spur noch immer bis in die Stadt. Trotz aller Schwermetalle, trotz des Quecksilbers und des Phosphors ist die belebende Kraft des großen Stroms noch zu spüren. Wie anders wäre es denkbar, daß sich die City zum Hafen, also zur Elbe hin orientiert?

Da kommt ein fast vergessenes Stück der Stadt wieder in den Blick. Der Verlag Gruner & Jahr ist mit seinem silbrigen Medienschiff unten am Fluß vor Anker gegangen, und viele Edelbetriebe folgen. Die Gastronomie baut aus, schöner Wohnen wird zum Prinzip. Im Quartier der Seeleute und Stauer geht es mehr und mehr fein zu. Freue dich, Elbe, in deinen Duft von Öl und Fisch, wie ihn Wolfgang Borchert schnupperte, mischen sich Old Spice und Irish Moos.

Und was die Schadstoffe betrifft, so wird von einem, der es nun wirklich wissen muß, ganz behutsam Optimismus signalisiert. Dr. Heinrich Reincke, Hausherr der so wichtigen „Wassergütestelle Elbe" in Finkenwerder, kann mitteilen, daß spürbar weniger Gift herangeschwemmt wird. Das hat einen bösen und einen guten Grund. Der böse ist, daß durch die Wirtschaftsflaute im Osten auch viele chemische Betriebe entweder drosseln oder schließen mußten; der gute, daß erste Klärwerke und Abwässerreinigungsanlagen Erfolge bringen. Der Fluß, so Reincke, bekommt die Chance, sich langsam zu erholen, und die Fische haben etwas mehr Sauerstoff zum Atmen.

Wer die 449 Stufen auf den Barockturm des Michel, der Hauptkirche St. Michaelis, hochgeklettert ist (es gibt auch einen Fahrstuhl), der hat den bunten Hafen ebenso im Blick wie südlich am Horizont das Dunkelgrün der Harburger Berge. Er sieht die Elbe doppelt, und es gibt sie ja auch in zweifacher Ausführung: Norder- und Süderelbe.

Dazu wieder eine kleine Geschichte. Die Wasserführung, wie sie seit den Eiszeiten vorgegeben war, machte den Hamburgern im ausgehenden Mittelalter Sorgen. Die Norderelbe, das Fahrwasser der Stadt, war der Süderelbe gegenüber benachteiligt. Die Norderelbe brauchte mehr Wasser; was Alster und Bille heranschafften, reichte nicht aus. Da traf es sich gut, daß den Hamburgern und den Lübeckern um 1420 nach einer gemeinsam gewonnenen Fehde gegen den Herzog von Lauenburg-Ratzeburg das Städtchen Bergedorf und die Vierlandemarschen zufielen. Sie dämmten zwei Nebenflüsse ein, Gose- und Doveelbe, und führten so ihrer Norderelbe mehr Wasser zu. Der „Wasserdiebstahl" aber erboste die Herren im Süden, die Herzöge von Braunschweig-Lüneburg, die ihr Stück verdorren sahen.

Es kam zu bewaffneten Zusammenstößen zwischen den berittenen Wasserwächtern beider Seiten. Für den Prozeß von 1567/1568 ließen die Hamburger von dem willigen Flensburger Kartographen Melchior Lorichs eine zwölf Meter lange Bildkarte der Elbe von Geesthacht bis Neuwerk malen. Darauf schnitt der Norden gut ab, und so war auch der Spruch.

Norder- und Süderelbe sind längst Teile eines Systems. Der gemeinsame Ausbau des Elbinselgebietes erst machte den Welthafen möglich. Lorichs' lange Karte aber, die älteste bildliche Darstellung des Landes der Unterelbe, wird im Hamburger Staatsarchiv gehütet.

Wasserland, Villenland – das sind Wörter, die zur Elbe passen, wenn sie sich hinter Finkenwerder auf die große Reise macht. Die Elbchaussee mit ihren sanften Auf- und Abschwüngen am hohen Ufer zwischen Altona und Blankenese ist eine der schönsten Straßen Europas, da gibt es wohl keine Widerrede. Von altem Grün umspülte Herrensitze aus dem 18. und 19. Jahrhundert halten vornehm Wacht an der Elbe. Die gepflegten Parks der Reeder und Reichen sind hier wie die natürliche Fortsetzung der Landschaft. Sie stehen in völligem Gegensatz zu den gezirkelten Anlagen fürstlicher Lustschlösser, von denen die Elbe ja schon einige sah, ehe sie den sanftmütigen englischen Rasen zur Seite bekam.

Der Elbblick lockte Anno 1789 den französischen Gartenkünstler Daniel Louis Jacques an, sich in Nienstedten niederzulassen. Er blieb nur zu gern, verdeutschte seinen Namen und sorgte dafür, daß das Weinhaus Jacob zu einem ganz besonderen Plätzchen an der Elbe wurde.

Blankenese trägt seinen Namen nach dem weißen (blanken) Sand (Ness) der kleinen Landzunge, von der einst die Fähre ablegte, um Holsteiner Ochsen hinüber ins Hannöversche zu bringen. Das sonnige Stück Hamburg hat nichts mehr mit Rindvieh zu tun, sondern ist eine feine Adresse. Mit seinem reizvollen Auf und Ab, seinen Gärten und Gärtchen, die beim Blick aufs Wasser übereinander zu stolpern scheinen, lockte es seit jeher die Künstler, die Schriftsteller zumal. Richard Dehmel, Hans Leip und Hans Henny Jahnn haben hier gelebt und geschrieben, Börries von Münchhausen notierte manches Schöne, Rilke war gern am Ufer.

Etwas weiter stromab kommt Schulau. Am kleinen Hafen liegt das Haus, von dem aus von acht Uhr morgens bis Sonnenuntergang jedes ein- und auslaufende Seeschiff über fünfhundert Tonnen in der Landessprache und mit der dazugehörenden Hymne per Lautsprecher begrüßt wird: „Willkomm-Höft", international bekannt. Die Grüß-Gott-Experten dort sind gut bestückt. Und wenn einmal ein Schiff aus einem wenig bekannten Land kommt, wird es schlicht auf englisch begrüßt. Der Trick aus Kaiser Wilhelms Zeiten, als einer Marinekapelle einmal die Noten der unerwartet geforderten türkischen Hymne fehlten, wird jedenfalls nicht angewandt. Des Kaisers Musikanten hatten sich damals mit der sanften Melodie von „Guter Mond, du gehst so stille" erfolgreich und zu aller Zufriedenheit beholfen.

Wedel ist wichtig. Weil hier Ernst Barlach als Junge gelebt hat, worüber er in „Seespeck" munter berichtet, und weil hier der Tonnenhof ist. Hier hütet das Wasser- und Schiffahrtsamt die Kilometersteine der Wasserstraße, die trotz aller Supertechnik noch ihre Bedeutung haben. Schiffe von See sehen die roten Spierentonnen, die mit den dünnen Hälsen, links liegen, backbord, um das auf deutsch zu sagen, und rechts, steuerbord, sind die grünen Tonnen. Und umgekehrt bei anderer Fahrtrichtung.

Hinter Wedel wird es weit. Die Dächer der Häuser in den brettebenen, tellerflachen Marschen können kaum über die Deiche schauen. Gut Haseldorf, zwischen Wedel und Glückstadt, machte mal von sich reden. Der dänische Landeskanzler namens Fritzius von Schilden hütete hier seine schöne Gattin Henriette. Er liebte sie sehr. Sie schenkte ihm sieben Kinder, und für jedes Kind ließ der Papa eine Linde pflanzen. Aber auch der dänische Legationsrat Friedrich Gottlieb Klopstock mochte Henrietten. Er liebte sie platonisch, setzte sich unter die Linden und dichtete für sie sein Epos „Der Messias" (1748–1773). So kann große Literatur entstehen.

Glückstadt übrigens war einmal Hamburgs gefährliche Konkurrenz. Das schöne Elbstädtchen ist vom Dänenkönig Christian IV. (1588–1648) gegründet worden mit der schlimmen List, den Hamburgern so das Tor zur Welt zuzuschließen. „Gehet es glücklich fort, so wird Glückstadt eine Stadt und Hamburg ein Dorf", jubelte der Herrscher. Doch denen, denen Dänen die Geschäfte vermiesen wollten, behagte das nicht. Die Hamburger wehrten sich. Christian hatte zu früh gejubelt.

Eigenartiges Land. Die fruchtbare Wilstermarsch ist die am tiefsten gelegene Elbmarsch; bei dem schönen Dorf Aebtissinwisch liegt das Land volle drei Meter unter dem Meeresspiegel. Brokdorf und Brunsbüttel sind über die mit ihrem Namen verbundene, aber nicht in ihrem Namen ins Land geholte energietechnische Entwicklung nicht recht froh; stolz ist Brunsbüttel indes auf die gewaltige Schleusenanlage im Südosten, mit der die Einfahrt der Schiffe aus dem Nord-Ostsee-Kanal in die Elbe geregelt wird.

Links hat es die Elbe gut getroffen. Das Alte Land ist das apfelduftende Obstland am Strom, im Mai ein blühendes Paradies, zu jeder Zeit ein Wanderland voller Pracht. Am Obstmarschenweg liegen die Höfe mit ihren kunstvollen, fast fürstlichen Pforten und ihrem weißen Fachwerk, das wie mit dem Tuschpinsel gemalt aussieht. Die Ziegelmuster zeigen oft das Sonnensymbol, die Giebel sind mit Schwänen geschmückt. In einen Obstbauernhof hat der aus Oldenburg stammende Arp Schnitger (1648–1719) eingeheiratet; in den Gotteshäusern von Steinkirchen und Neuenfelde erklingen seine Barockorgeln noch heute vor andächtigen Orgelfreunden aus aller Welt.

„Ingrid Marie" ist der Bestseller vom Elbufer, eine feste, aromatische, rotbäckige Apfelsorte. 1940 ist sie als Zufallskreuzung von dem Rektor einer Dorfschule in Dänemark entwickelt worden, und nun ist damit der Name seiner kleinen Tochter appetitlich verbunden.

Da kommt schon bald die Düneninsel Scharhörn mit ihren Vogelplätzen, wo Seeschwalben, Brandgänse und Regenpfeifer noch Heimat haben, es kommt zuvor Neuwerk, die grüne Insel im Wattenmeer, zehn Kilometer vor Cuxhaven, eine Oase der Ruhe, weil die Schiffe hier weit weg sind und die drei Höfe mit dem Wattenwagen versorgt werden – die frische Grasbutter hier ist köstlich.

Links Altenbruch, das jedem Elbsegler durch den Schnack um seine beiden Türme bekannt ist. Wann, so fragt man, hat die Frau das Kommando an Bord? Wenn, so lautet die Antwort, die Türme von Altenbruch hintereinander in Deckpeilung liegen. Das ist bei gutem Wind etwa eine Sekunde lang der Fall.

Cuxhaven. Abschied von der Elbe. Die Deutsche Bucht beginnt. Das Hafenbollwerk „Alte Liebe" ist noch zu sehen. Jeder kennt das schöne Wort. Da aber muß mal endlich etwas richtiggestellt werden.

Um Uferabbrüche zu stoppen, versenkten die Hafenleute von Cuxhaven an der Mündung des Ritzebütteler Priels in die Elbe drei ausgediente Schiffe, die sie zuvor mit Steinen vollgepackt hatten. Eines hieß „Olive". Daraus wurde aber das plattdeutsche Oll Lieve, die weltbekannte Bezeichnung. Nichts also ist es mit alter Liebe.

Aber das tut unserer alten, jungen, immerwährenden Liebe keinen Abbruch, der Liebe zur Elbe.

„. . . dann sagen wir: Elbe! Und wir meinen: Leben." Der Hamburger Schriftsteller und Schauspieler Wolfgang Borchert (1921–1947) hat seine Stadt immer wieder durch die Elbe definiert. Die Elbe war auch das dunkle poetische Zeichen für seine Liebe zur großen Stadt des Nordens.

Der Hamburger Hafen, das weitgeöffnete Tor zur Welt. Tradition und Fortschritt gehen ineinander über. In St. Pauli schlägt das Herz des Hafens, und wenn Heinrich Reincke von der „Wassergütestelle Elbe" recht behält, hat der Fluß die Chance, daß sich seine Wasserqualität langsam und allmählich wieder erholt.

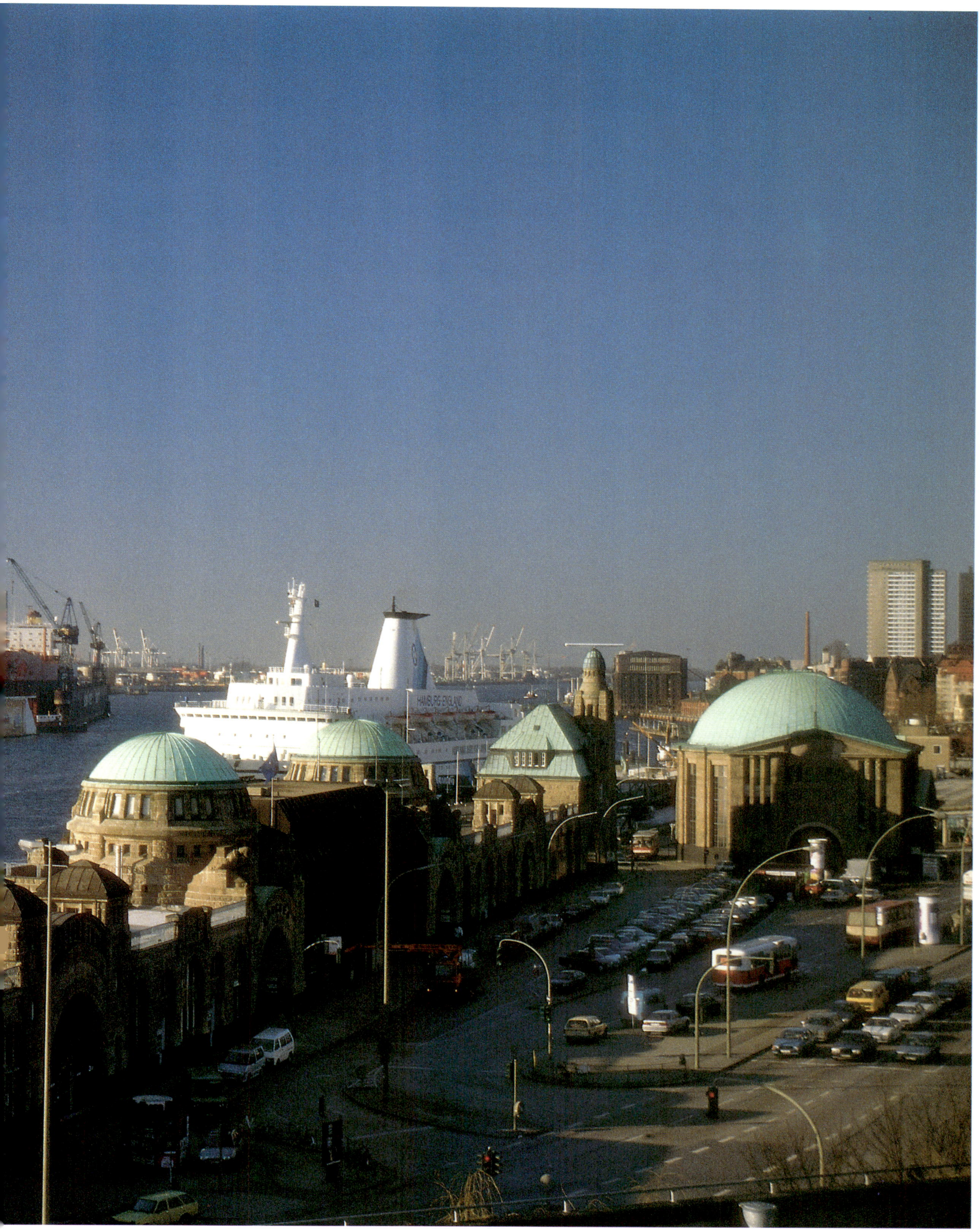

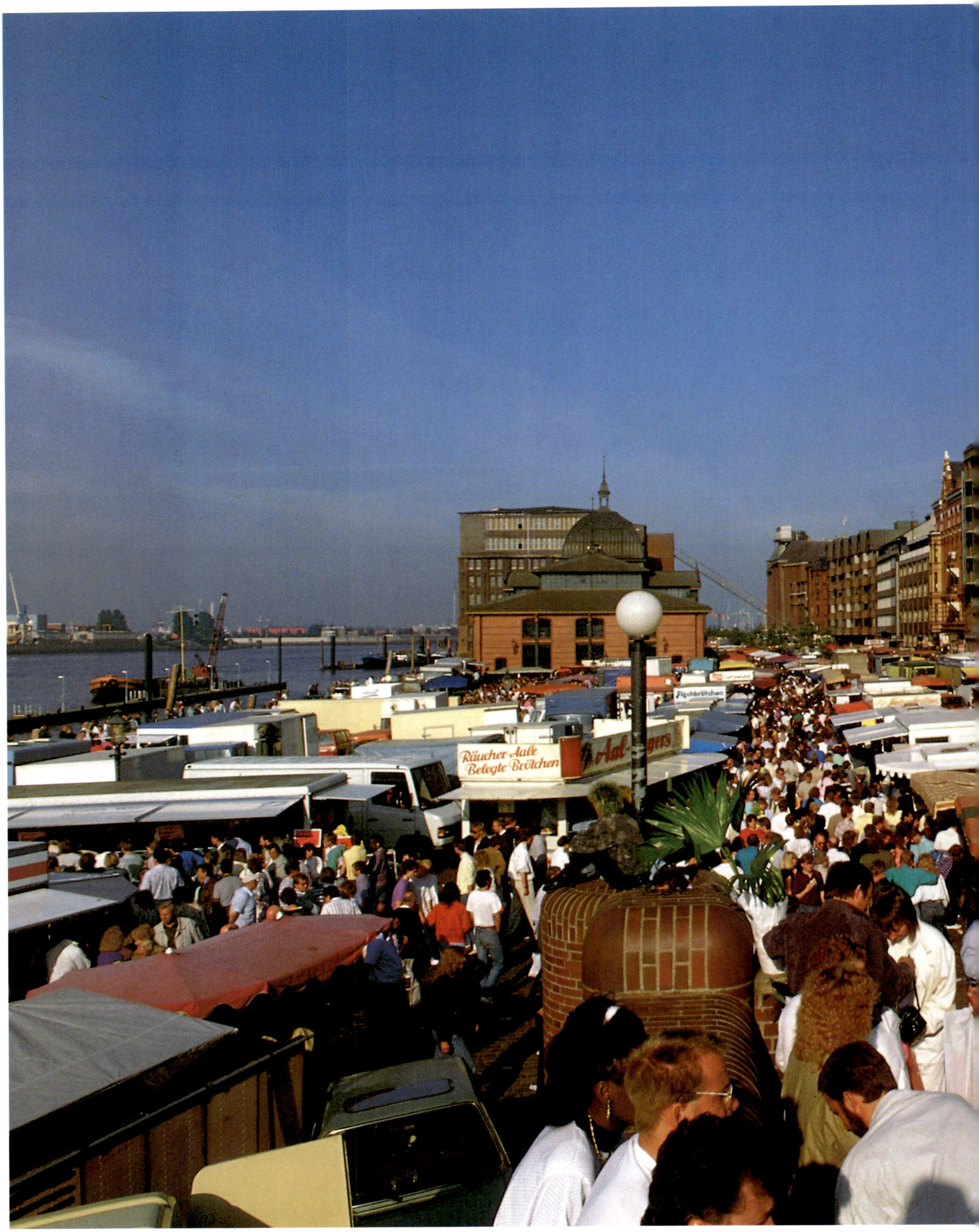
Räucher-Aale
Belegte Brötchen
Fischbrötchen

Fischmarkt in Hamburg. Geschmäcker und Gerüche aus so manchen Ecken der Erde kommen zusammen und feiern mit vielen Menschen ein einmaliges Fest. Hier ist das Leben laut und bunt.

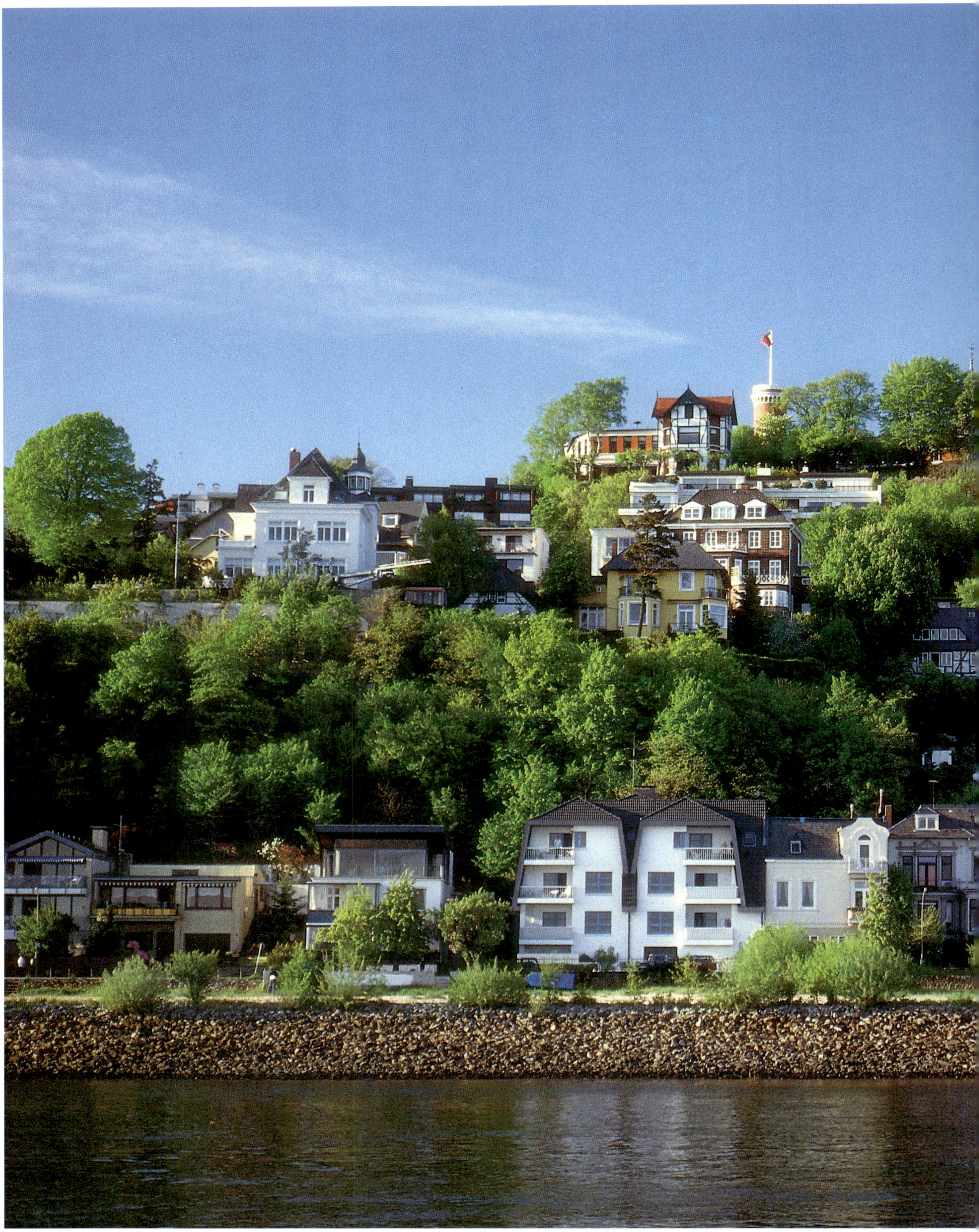

Blankenese mit dem reizvollen Auf und Ab seiner Häuser und Gärten ist eine feine Adresse in Hamburg. Glücklich der, der hier seine Bleibe gefunden hat. Besonders alte Fahrensleute schauen gern aus der guten Stube übers Wasser.

Das Alte Land – hier Kirschbäume bei Neuenfelde – ist das duftende Obstland am Strom. Im Mai erscheint es wie ein blühendes Paradies. Das weiße Fachwerk der Obstbauernhäuser sieht aus, als sei es mit dem Tuschpinsel gemalt.

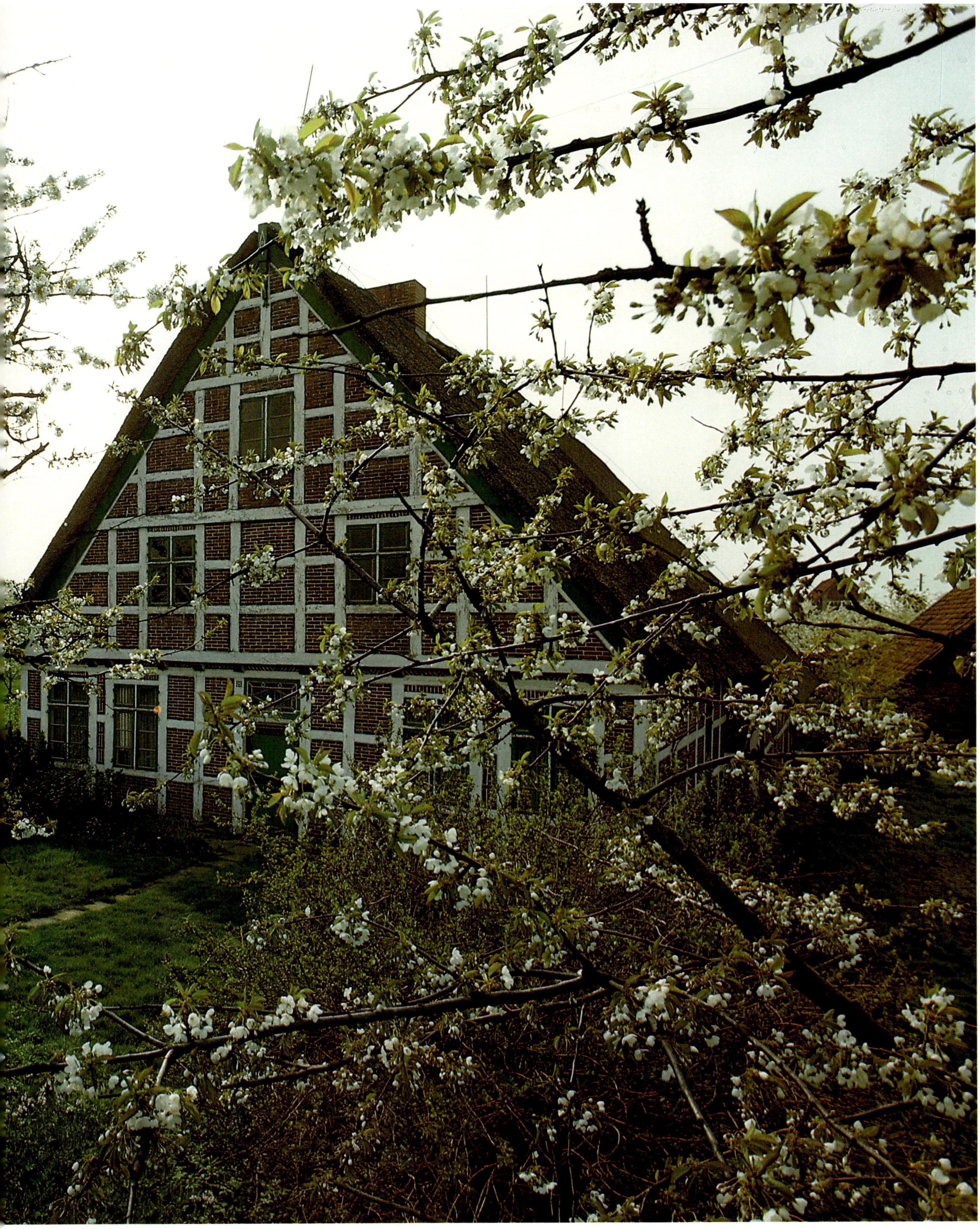

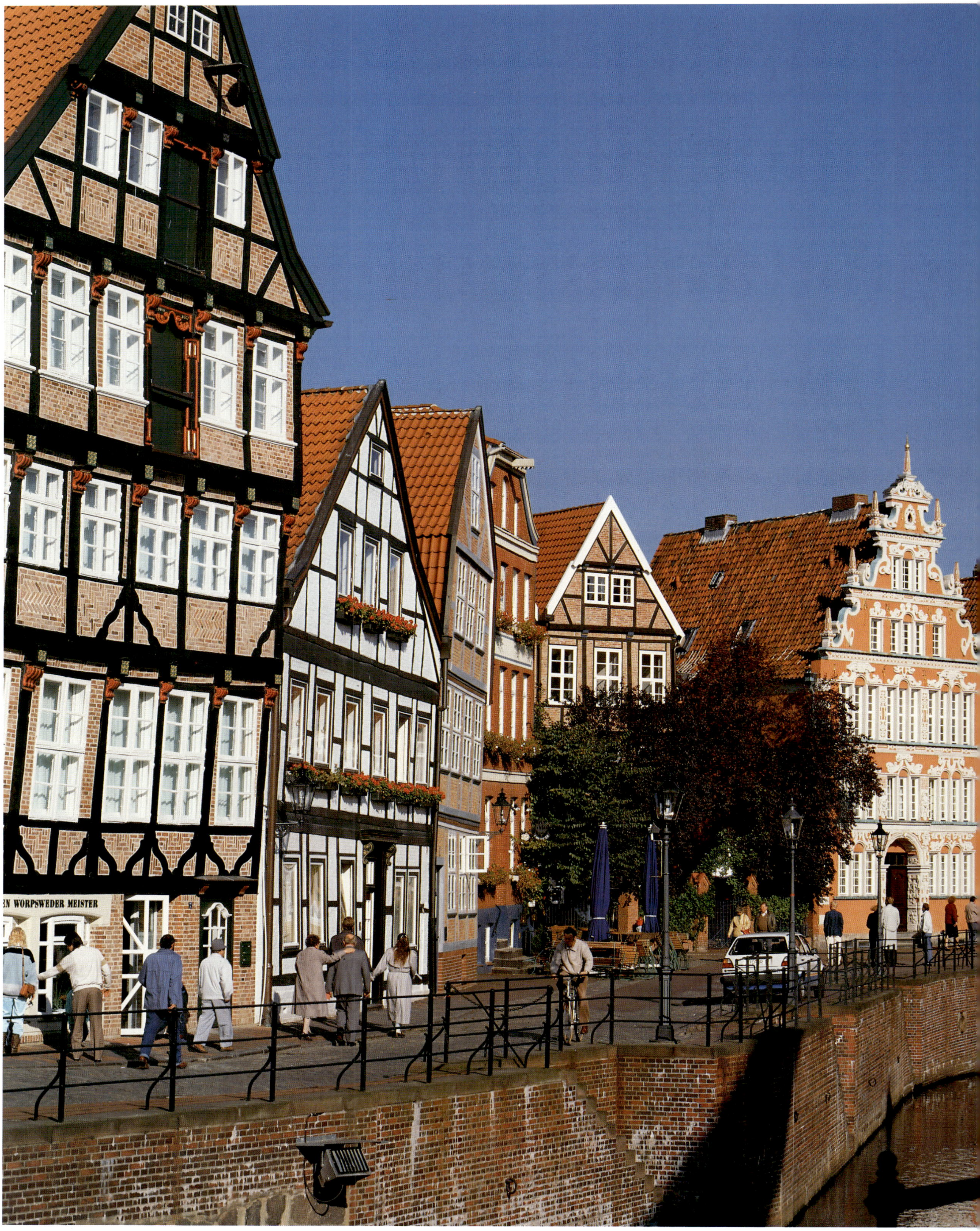

EN WORPSWEDER MEISTER

Unweit der Elbe liegt die alte Hansestadt Stade. Bürgerstolz und Lebensart der alten Kaufmanns- und Schifferfamilien haben das Stadtbild geprägt. Die Stadt pflegt ihr Äußeres mit großer Liebe.

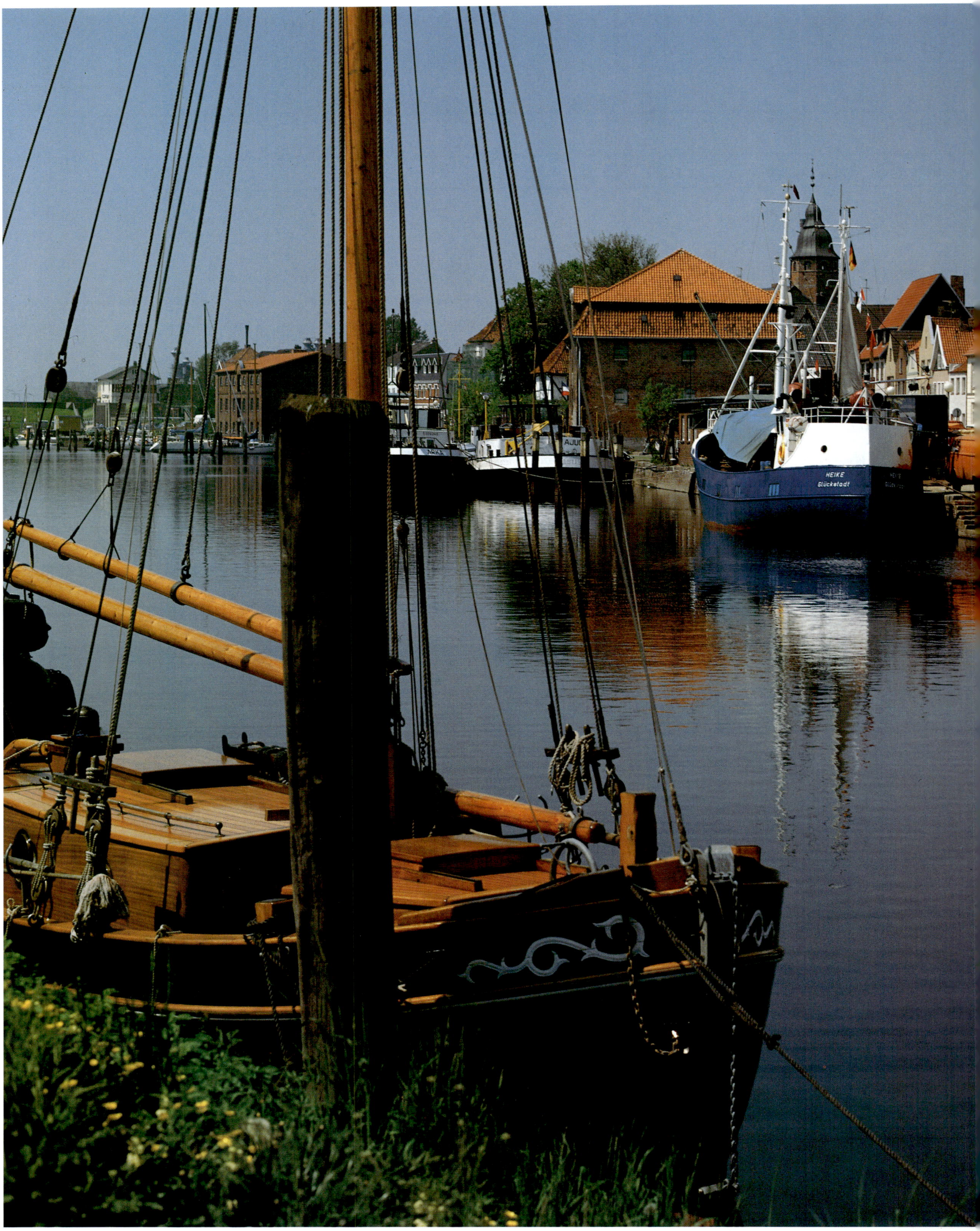
HEIKE
Glückstadt

Glückstadt war einmal Hamburgs gefährliche Konkurrentin. Das vom Dänenkönig Christian IV. gegründete Elbstädtchen wollte einst den Hamburgern das Tor zur Welt versperren. Aber der König hatte kein Glück mit seiner Stadt.

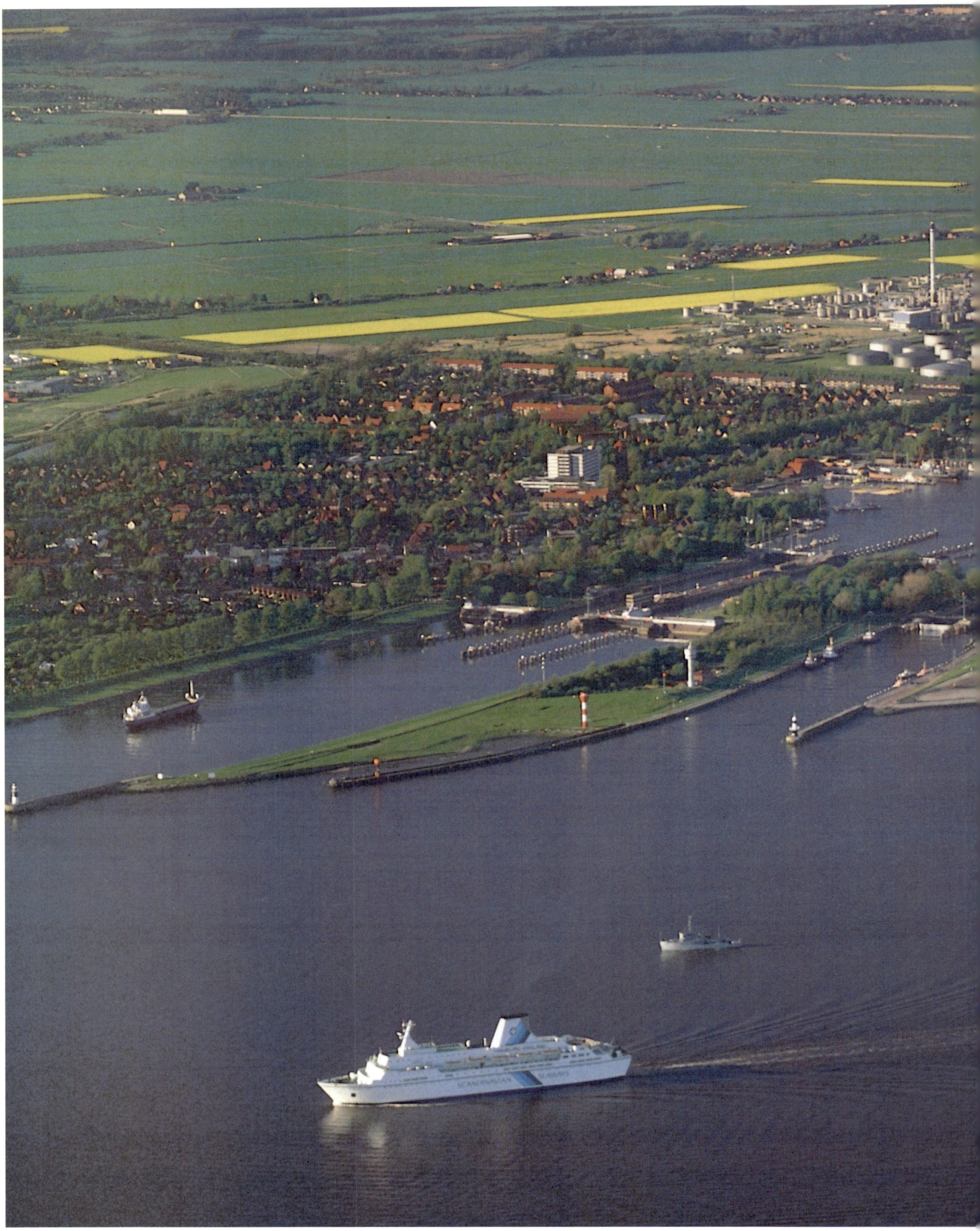

Bei Brunsbüttel regelt eine hochinteressante Schleusenanlage die Einfahrt der Schiffe aus dem Nord-Ostsee-Kanal in die Elbe. Die Raffinerie allerdings findet hier nicht die gleiche ungeteilte Zustimmung wie die technische Wasserkunst.

Die Elbe von der Quelle bis zur Mündung: *Eine Karte*